MAESTRÍA EN MARKETING DIGITAL

Estrategias y Técnicas para el Crecimiento Empresarial

By
Danish Ali Bajwa & Usama Bajwa

Derechos de Autor © 2023 Por Publicaciones RK Libros

El contenido de este libro no puede ser reproducido, duplicado o transmitido en ninguna forma o sistema de recuperación conocido o por inventar sin el permiso por escrito del autor o la editorial. En ningún caso se responsabilizará a la editorial o al autor por cualquier daño, reparación o pérdida monetaria debido a la información contenida en este libro, ya sea directa o indirectamente.

Aviso Legal:

Este libro está protegido por derechos de autor. Este libro es solo para uso personal. No puedes modificar, distribuir, vender, usar, citar ni parafrasear ninguna parte del contenido de este libro sin el consentimiento del autor o la editorial. Se permite el "Uso Justo", que implica un resumen o cita con el crédito apropiado al autor.

Aviso de Descargo de Responsabilidad:

Por favor, ten en cuenta que la información contenida en este libro es solo para fines educativos. Se ha realizado todo el esfuerzo para presentar información precisa, actualizada, confiable y completa. No se hacen declaraciones o garantías de ningún tipo. Los lectores reconocen que el autor no ofrece asesoramiento legal, financiero, médico o profesional. El contenido de este libro se ha obtenido de diversas fuentes. Por favor, consulta a un profesional calificado antes de intentar cualquier técnica descrita en este libro. Al leer y usar este libro, el lector acepta que, en ningún caso, el autor es responsable de las pérdidas directas o indirectas incurridas debido al uso de la información contenida en este libro, incluidos, entre otros, errores, omisiones o inexactitudes.

Correo Electrónico: rkbooks16@gmail.com

ISBN del Libro Electrónico: 978-969-3492-24-8

ISBN del Libro en Tapa Blanda: 978-969-3492-25-5

ISBN del Libro en Tapa Dura: 978-969-3492-26-2

Biografía de los Autores

Danish Ali Bajwa y Usama Bajwa, conocidos colectivamente como los Hermanos Bajwa, son un dinámico dúo de escritores reconocidos por su vasta gama de obras publicadas que abarcan varios géneros. Nacidos y criados en un hogar donde la creatividad y el conocimiento eran profundamente valorados, estos hermanos canalizaron su habilidad innata para contar historias y explorar en una próspera carrera en la literatura.

Danish Ali Bajwa es un prolífico escritor con una habilidad única para conectar con una audiencia diversa. Con una voz distintiva, ha contribuido a una extensa colección de libros para niños, donde entreteje con elegancia importantes lecciones de vida con narrativas cautivadoras que resuenan en las mentes jóvenes. Además de la literatura infantil, el portafolio de Usama también incluye varios libros de motivación. Tiene un don sorprendente para elevar e inspirar a los lectores a través de sus narraciones convincentes y auténticas representaciones del espíritu humano. Las palabras de Usama sirven como un faro de positividad, inspirando a los lectores a conquistar sus miedos y alcanzar su verdadero potencial.

Por otro lado, Usama Bajwa aporta una perspectiva analítica a su colaboración como escritores. Con un marcado interés en la intersección entre los negocios y la tecnología, Danish ha escrito varios libros informativos, logrando que temas complejos sean accesibles y atractivos para los lectores. La experiencia de Danish en temas relacionados con negocios y tecnología es evidente en sus guías comprensivas e intuitivas. Excel en presentar ideas innovadoras y tendencias futuristas con una comprensión fundamentada de las necesidades empresariales contemporáneas, lo que convierte sus libros en un elemento básico en las bibliotecas de emprendedores ambiciosos y entusiastas de la tecnología.

Juntos, Danish y Usama han cultivado un estilo de escritura único y diverso que cautiva a sus lectores, manteniéndolos absortos desde la primera página hasta la última. Sus libros a menudo reflejan la simbiosis de sus diferentes intereses y experiencia, así como el poderoso equilibrio entre la emoción y la lógica. A pesar de sus variados intereses, comparten el compromiso de crear literatura de alta calidad que sea a la vez cautivadora y esclarecedora. Los Hermanos Bajwa continúan estableciendo su presencia en el mundo literario, construyendo un legado de libros perspicaces, estimulantes y encantadores que realmente marcan la diferencia.

Tabla de Contenidos

Introducción 1

Capítulo 1 Introducción al Marketing Digital 5

Capítulo 2 Definición de tus Objetivos de Marketing Digital. 13

Capítulo 3 Construyendo una Estrategia de Marketing Digital Efectiva 21

Capítulo 4 Optimización del Sitio Web y Experiencia del Usuario 35

Capítulo 5 Marketing de Contenidos y Narración 52

Capítulo 6 Marketing en Redes Sociales 65

Capítulo 7 Marketing en Motores de Búsqueda (SEM) y Pago por Clic (PPC) 79

Capítulo 8 Marketing por correo electrónico y automatización 93

Capítulo 9 Marketing de Influencers y Asociaciones de Marca 113

Capítulo 10 Analítica y Seguimiento del Desempeño 125

Capítulo 11 Tendencias Emergentes y Futuro del Marketing Digital 139

Capítulo 12 Creación de un Plan de Marketing Digital Accionable 153

En Conclusión 168

Introducción

"Digital Marketing Maestría: Estrategias y Técnicas para el Crecimiento Empresarial" es una guía detallada y completa que tiene como objetivo empoderar a los propietarios de negocios, emprendedores y profesionales del marketing con los conocimientos y habilidades necesarios para destacarse en el mundo siempre cambiante del marketing digital. A medida que la tecnología continúa remodelando la forma en que nos conectamos, comunicamos y consumimos información, se ha vuelto crucial para las empresas establecer una sólida presencia en línea y comprometerse eficazmente con sus audiencias objetivo.

En esta era digital, las estrategias de marketing tradicionales por sí solas ya no son suficientes para impulsar un crecimiento sostenible. El marketing digital ofrece una amplia gama de oportunidades y canales para llegar y conectar con los clientes, permitiendo a las empresas ampliar su alcance, mejorar la visibilidad de su marca y obtener resultados medibles. Sin embargo, navegar por el complejo y siempre cambiante panorama digital puede resultar abrumador, especialmente para aquellos que son nuevos en el campo o luchan por mantenerse al día con las últimas tendencias y técnicas.

Este libro sirve como tu guía completa para dominar el marketing digital. Está diseñado para proporcionar una sólida base de conocimientos y equiparte con estrategias y técnicas prácticas que han demostrado generar resultados. Ya seas un propietario de pequeña empresa buscando establecer una presencia en línea, un emprendedor con el objetivo de lanzar una startup digital exitosa o un profesional del marketing que busca mejorar tus habilidades, este libro será tu compañero de confianza.

A lo largo de las páginas de este libro, exploraremos una amplia gama de temas, comenzando con una introducción al marketing digital y su evolución. Profundizaremos en los conceptos y principios fundamentales que sustentan las estrategias de marketing digital efectivas, asegurando que tengas un sólido entendimiento de los elementos clave necesarios para el éxito. Te guiaremos en el proceso de definir metas claras y alcanzables de marketing digital, alineándolas con tus objetivos comerciales generales y estableciendo indicadores clave de rendimiento (KPI) para seguir y medir el progreso. Aprenderás cómo realizar investigaciones de mercado y análisis de la competencia, identificar a tu audiencia objetivo y crear perfiles de compradores detallados para guiar tus esfuerzos de marketing.

Sobre esta base, profundizaremos en los componentes esenciales de una sólida estrategia de marketing digital. Exploraremos técnicas de optimización de sitios web para mejorar los rankings en los motores de búsqueda, mejorar la experiencia del usuario y maximizar las conversiones. El marketing de contenido será examinado en detalle, brindando ideas sobre cómo crear contenido convincente y atractivo en diversos formatos y canales.

También exploraremos el marketing en redes sociales, el marketing en motores de búsqueda (SEM) y la publicidad de pago por clic (PPC), ofreciendo orientación sobre cómo aprovechar estas poderosas herramientas para ampliar tu alcance, generar tráfico objetivo y aumentar las conversiones. Se abordarán estrategias de marketing por correo electrónico, incluyendo la automatización y personalización, para ayudarte a nutrir leads, construir la lealtad de los clientes y lograr tasas de conversión más altas.

Además, nos sumergiremos en el marketing de influencer y las asociaciones de marca, explorando cómo identificar a los influencers relevantes, establecer colaboraciones fructíferas y medir la efectividad de tales campañas. También se discutirá en detalle la analítica y el seguimiento del rendimiento, permitiéndote tomar decisiones basadas en datos, optimizar tus esfuerzos de marketing y lograr una mejora continua.

Además, examinaremos las tendencias emergentes y las direcciones futuras en el marketing digital, equipándote con ideas sobre las últimas tecnologías e innovaciones que están dando forma a la industria. Exploraremos el papel de la inteligencia artificial y la automatización, y cómo puedes aprovechar estos avances para obtener una ventaja competitiva.

Para ayudarte a aplicar los conocimientos adquiridos a lo largo de este libro, te guiaremos en la creación de un plan de marketing digital práctico. Discutiremos la asignación de presupuesto y recursos, y enfatizaremos la importancia de monitorear, probar y optimizar tus estrategias para garantizar un éxito continuo.

Al final de este libro, tendrás un entendimiento completo del marketing digital y las estrategias y técnicas necesarias para impulsar el crecimiento empresarial. Estarás equipado con conocimientos prácticos, ejemplos del mundo real e ideas valiosas para navegar el dinámico panorama digital con confianza. Ya seas un principiante en marketing digital o un profesional experimentado, "Digital Marketing Mastery: Estrategias y Técnicas para el Crecimiento Empresarial" será tu recurso de referencia para dominar el arte y la ciencia del marketing digital.

Capítulo 1
Introducción al Marketing Digital

Entendiendo el Paisaje del Marketing Digital

En el mundo interconectado de hoy en día, el marketing digital se ha convertido en una herramienta indispensable para las empresas que buscan prosperar en el competitivo mercado. En este capítulo, nos sumergimos en el intrincado y dinámico paisaje del marketing digital, explorando sus diversos componentes y cómo se entrelazan para crear un ecosistema de marketing integral.

Comenzamos definiendo el marketing digital y su importancia en el entorno empresarial moderno. El marketing digital abarca una amplia gama de actividades de marketing en línea que aprovechan los canales digitales, como sitios web, motores de búsqueda, plataformas de redes sociales, correo electrónico y aplicaciones móviles, para conectarse con las audiencias objetivo y lograr resultados deseados.

A continuación, exploramos los canales de marketing digital disponibles para las empresas, comprendiendo sus características únicas, ventajas y consideraciones. Nos sumergimos en el marketing en motores de búsqueda (SEM) y la optimización para motores de búsqueda (SEO), que se centran en mejorar la visibilidad y dirigir tráfico orgánico y de pago desde los motores de búsqueda. También examinamos el marketing en redes sociales, el marketing de contenidos, el marketing por correo electrónico, la publicidad display y otros canales prominentes que permiten a las empresas interactuar con sus audiencias de manera significativa.

Además, discutimos la importancia del marketing móvil, considerando el crecimiento exponencial del uso de dispositivos móviles y su impacto en el comportamiento del consumidor. La optimización móvil, el diseño receptivo y el aumento de las aplicaciones móviles son aspectos cruciales de una estrategia integral de marketing digital.

Además, exploramos el concepto de experiencia de usuario (UX) y su papel en el marketing digital. Comprender cómo diseñar interfaces intuitivas y amigables para el usuario, optimizar el rendimiento del sitio web y crear trayectorias de clientes sin problemas son consideraciones clave para campañas de marketing digital exitosas.

A medida que avanzamos, nos adentramos en la importancia del marketing basado en datos y la utilización de herramientas de análisis. Discutimos la importancia de rastrear y medir indicadores clave de rendimiento (KPI), como el tráfico del sitio web, las tasas de conversión, el compromiso del cliente y el retorno de la inversión (ROI). Al aprovechar el poder de los datos, las empresas pueden obtener información valiosa sobre el comportamiento, las preferencias y las tendencias de los clientes, lo que les permite tomar decisiones de marketing informadas.

Además, exploramos la interacción entre el marketing digital y los métodos de marketing tradicionales. Si bien el marketing tradicional sigue siendo relevante, el marketing digital ofrece ventajas únicas, como comentarios en tiempo real, segmentación precisa y la capacidad de personalizar y personalizar los mensajes.

Discutimos la integración de estrategias de marketing digital y tradicional para crear campañas cohesivas e impactantes.

Al final de este capítulo, los lectores tendrán una comprensión integral del paisaje del marketing digital, incluidos sus diversos canales, consideraciones y la importancia de la toma de decisiones basada en datos. Este conocimiento servirá como una base sólida para los capítulos posteriores, donde nos adentraremos más en estrategias y técnicas específicas de marketing digital para el crecimiento empresarial.

Evolución del Marketing Digital

En este capítulo, nos embarcamos en un viaje a través de la evolución del marketing digital, rastreando sus orígenes desde los primeros días de Internet hasta su prominencia actual en el panorama del marketing. Comprender la evolución del marketing digital nos permite apreciar su poder transformador y el impacto significativo que ha tenido en las empresas de todo el mundo.

Comenzamos explorando el nacimiento de Internet y su profunda influencia en la comunicación y el intercambio de información. Con la aparición de la World Wide Web, las empresas obtuvieron una nueva plataforma para mostrar sus productos y servicios a una audiencia global. Los primeros sitios web funcionaban como folletos digitales, proporcionando información básica y detalles de contacto.

A medida que Internet continuó evolucionando, también lo hizo el marketing digital. La aparición de motores de búsqueda como Yahoo, AltaVista y, finalmente, Google, generó la necesidad de que las empresas optimizaran su presencia en línea. La optimización para motores de búsqueda (SEO) se convirtió en un aspecto fundamental del marketing digital, permitiendo a los sitios web posicionarse mejor en los resultados de búsqueda y atraer tráfico orgánico.

La introducción de plataformas de redes sociales como MySpace, Facebook, Twitter e Instagram revolucionó la forma en que las personas se conectaban e interactuaban en línea. Las empresas reconocieron rápidamente el potencial del marketing en redes sociales, aprovechando estas plataformas para interactuar con los clientes, construir comunidades de marca y fomentar la fidelidad a la marca.

El surgimiento de dispositivos móviles aceleró aún más la evolución del marketing digital. Con los teléfonos inteligentes convirtiéndose en una parte integral de la vida cotidiana, las empresas tuvieron que adaptar sus estrategias para atender a una audiencia móvil. Surgieron sitios web receptivos para móviles, aplicaciones móviles y estrategias de marketing basadas en la ubicación para satisfacer las crecientes demandas de los consumidores en movimiento.

La era del big data aportó una nueva dimensión al marketing digital. Con la capacidad de capturar y analizar grandes cantidades de datos de clientes, las empresas obtuvieron información valiosa sobre el comportamiento del consumidor, las preferencias y los patrones de compra. Este enfoque basado en datos permitió a los especialistas en marketing personalizar sus mensajes, ofrecer publicidad dirigida y optimizar campañas para lograr el máximo impacto.

Los avances tecnológicos, como la inteligencia artificial (IA), el aprendizaje automático y la automatización, han transformado aún más el marketing digital. Los chatbots impulsados por IA agilizan las interacciones con los clientes, mientras que los flujos de trabajo de marketing por correo electrónico automatizados nutren a los clientes potenciales y generan conversiones. Los algoritmos de publicidad programática optimizan la colocación de anuncios, dirigiéndose al público adecuado en el momento preciso con precisión.

Hoy en día, el marketing digital continúa evolucionando a un ritmo acelerado. La introducción de la búsqueda por voz, la realidad virtual (RV), la realidad aumentada (RA) y otras tecnologías emergentes presentan nuevas oportunidades y desafíos para los especialistas en marketing. Mantenerse al tanto de estos avances es crucial para las empresas que desean mantenerse competitivas y comprometerse efectivamente con su público objetivo.

Al comprender la evolución del marketing digital, obtenemos información sobre su contexto histórico, hitos y los factores subyacentes que han dado forma a su panorama actual. Este conocimiento proporciona una base para explorar las estrategias y técnicas que se abordan en los capítulos siguientes, lo que permite a las empresas aprovechar todo el potencial del marketing digital para impulsar el crecimiento y el éxito.

Importancia del Marketing Digital para el Crecimiento Empresarial

En este capítulo, nos sumergimos en las razones fundamentales por las que el marketing digital es crucial para las empresas que buscan un crecimiento sostenible y éxito en el mercado altamente competitivo de hoy en día. A medida que la tecnología continúa avanzando y el comportamiento del consumidor evoluciona, las empresas deben adaptar sus estrategias de marketing para aprovechar el poder de los canales digitales.

En primer lugar, el marketing digital ofrece un alcance y accesibilidad sin precedentes. Internet ha conectado a personas de todo el mundo, proporcionando a las empresas una plataforma global para mostrar sus productos o servicios. Con una estrategia de marketing digital bien elaborada, las empresas pueden trascender las barreras geográficas y dirigirse a audiencias específicas con precisión. Este nivel de alcance y accesibilidad abre nuevas oportunidades de crecimiento y permite a las empresas expandir su base de clientes de manera exponencial.

El marketing digital también proporciona un compromiso dirigido con la audiencia. A diferencia de los métodos de marketing tradicionales, el marketing digital permite a las empresas identificar e interactuar de manera más efectiva con sus clientes ideales. A través de varios canales digitales, las empresas pueden recopilar datos sobre las preferencias, comportamientos y características demográficas de los consumidores. Estos datos luego se pueden utilizar para crear mensajes de marketing personalizados y relevantes, aumentando las posibilidades de captar la atención e interés de los clientes potenciales. La capacidad de entregar mensajes dirigidos al público adecuado en el momento adecuado mejora significativamente la eficiencia y efectividad de los esfuerzos de marketing.

Además, el marketing digital ofrece resultados medibles y un mayor retorno de la inversión (ROI). A diferencia de los canales de marketing tradicionales, que a menudo se basan en estimaciones y suposiciones, el marketing digital permite un seguimiento y medición precisos de los indicadores clave de rendimiento (KPI).

Las empresas pueden monitorear métricas como el tráfico del sitio web, las tasas de conversión, los niveles de participación y los datos de ventas en tiempo real. Este enfoque basado en datos permite a las empresas optimizar sus campañas, identificar áreas de mejora y asignar recursos de manera más eficiente. La capacidad de medir y analizar los esfuerzos de marketing asegura que las empresas puedan tomar decisiones respaldadas por datos, lo que resulta en un mayor ROI y un uso más efectivo de los presupuestos de marketing.

El marketing digital también fomenta el compromiso y la construcción de relaciones con los clientes. A través de plataformas de redes sociales, blogs, marketing por correo electrónico y otros canales digitales, las empresas pueden entablar una comunicación bidireccional con sus clientes. Esto permite a las empresas escuchar los comentarios de los clientes, abordar inquietudes y generar confianza y lealtad. Al proporcionar contenido valioso y atractivo, las empresas pueden establecerse como líderes de pensamiento y construir relaciones duraderas con sus clientes. La capacidad de cultivar conexiones significativas con los clientes contribuye al crecimiento empresarial a largo plazo y a la retención de clientes.

Finalmente, el marketing digital ofrece flexibilidad y agilidad. En el dinámico panorama digital, las empresas necesitan ser adaptables y receptivas a las tendencias del mercado y las demandas del consumidor. El marketing digital permite ajustes y modificaciones rápidas a las campañas, asegurando que las empresas puedan mantenerse relevantes y mantener una ventaja competitiva. La capacidad de probar, iterar y optimizar estrategias de marketing en tiempo real brinda a las empresas la agilidad necesaria para aprovechar oportunidades emergentes y responder a los cambios en la dinámica del mercado.

En conclusión, el marketing digital es de suma importancia para el crecimiento empresarial en la era digital actual. Su amplio alcance, compromiso dirigido, medibilidad, construcción de relaciones con los clientes y flexibilidad lo convierten en una herramienta indispensable para las empresas que buscan prosperar y tener éxito. Al adoptar estrategias de marketing digital, las empresas pueden desbloquear nuevas oportunidades de crecimiento, llegar de manera efectiva a sus audiencias objetivo y lograr un crecimiento empresarial sostenible.

Capítulo 2
Definición de tus Objetivos de Marketing Digital

Establecimiento de Objetivos SMART para el Marketing Digital

En este capítulo, nos adentramos en el proceso de establecer objetivos claros y alcanzables para tus esfuerzos de marketing digital. Sin objetivos bien definidos, las empresas pueden tener dificultades para medir el progreso, asignar recursos de manera efectiva y, en última instancia, lograr resultados significativos. Siguiendo el marco SMART, las empresas pueden asegurarse de que sus objetivos de marketing digital sean Específicos, Medibles, Alcanzables, Relevantes y Limitados en el Tiempo.

Comenzamos enfatizando la importancia de la especificidad al establecer objetivos de marketing digital. Los objetivos vagos o amplios pueden generar confusión y falta de dirección. En cambio, los objetivos deben ser específicos y bien definidos, describiendo el resultado deseado en detalle. Por ejemplo, un objetivo específico podría ser aumentar el tráfico del sitio web en un 20% en los próximos seis meses.

A continuación, exploramos el concepto de medibilidad en el establecimiento de objetivos. Los objetivos efectivos de marketing digital deben ser cuantificables, lo que permite a las empresas realizar un seguimiento del progreso y determinar el éxito. Los objetivos medibles permiten a las empresas recopilar y analizar datos, brindando información sobre la efectividad de sus esfuerzos de marketing. Ejemplos de objetivos medibles incluyen aumentar la participación en redes sociales en un 25% o lograr una tasa de conversión del 15% en una página de destino específica.

Además, discutimos la importancia de establecer objetivos alcanzables que sean realistas y factibles dados los recursos y capacidades de la empresa. Si bien es esencial apuntar alto, establecer objetivos inalcanzables puede generar frustración y falta de motivación. Al establecer objetivos que representen un desafío pero que sean alcanzables, las empresas pueden mantener el impulso y una sensación de logro a medida que avanzan.

La relevancia es otro factor fundamental en el establecimiento de objetivos. Los objetivos de marketing digital deben estar alineados con los objetivos comerciales generales y contribuir al crecimiento y éxito de la organización. Cada objetivo debe tener una conexión clara con la estrategia de marketing más amplia y respaldar la visión a largo plazo del negocio. Asegurar la relevancia de los objetivos ayuda a mantener el enfoque y garantizar que los esfuerzos se dirijan hacia resultados significativos.

Por último, enfatizamos la importancia de establecer objetivos limitados en el tiempo. Sin un plazo específico, los objetivos pueden carecer de un sentido de urgencia y es posible que no impulsen la acción. Establecer un plazo crea un sentido de responsabilidad y proporciona un marco para la planificación y ejecución. Las empresas deben establecer plazos realistas para alcanzar sus objetivos de marketing digital, considerando factores como la estacionalidad, las condiciones del mercado y los recursos disponibles.

A lo largo de este capítulo, brindamos ejemplos prácticos y orientación sobre cómo aplicar el marco SMART al establecimiento de objetivos de marketing digital. Discutimos errores comunes a evitar y proporcionamos consejos para superar los desafíos que pueden surgir durante el proceso de establecimiento de objetivos. Al final de este capítulo, los lectores contarán con las herramientas y el conocimiento para definir objetivos claros, accionables y SMART que guiarán sus estrategias de marketing digital y contribuirán al crecimiento y éxito de sus empresas.

Alinear los Objetivos Empresariales con los Objetivos de Marketing Digital

En este capítulo, nos adentramos en el crucial proceso de alinear los objetivos empresariales con los objetivos de marketing digital. Una sólida alineación entre ambos asegura que los esfuerzos de marketing digital sean intencionados, enfocados y contribuyan directamente al éxito general del negocio.

Comprensión de los Objetivos Empresariales

Para comenzar, enfatizamos la importancia de definir y comprender claramente los objetivos empresariales. Estos objetivos sirven como base para toda la organización y guían la toma de decisiones en todos los niveles. Los objetivos empresariales pueden incluir aumentar la cuota de mercado, expandirse a nuevos mercados, aumentar los ingresos por ventas, mejorar la retención de clientes o lanzar nuevos productos o servicios. Al comprender los objetivos más amplios, las empresas pueden identificar cómo el marketing digital puede apoyar y impulsar estos objetivos.

Identificación de Oportunidades de Marketing Digital

Una vez que los objetivos empresariales están claros, el siguiente paso es identificar las oportunidades de marketing digital que se alineen con esos objetivos. Esto implica realizar un análisis exhaustivo del mercado objetivo, las preferencias de los clientes, el panorama competitivo y los recursos disponibles. Al comprender la dinámica del mercado y el comportamiento del cliente, las empresas pueden identificar los canales, estrategias y tácticas de marketing digital específicas que serán más efectivas para lograr los resultados comerciales deseados.

Definición de Objetivos de Marketing Digital

Basándose en las oportunidades identificadas, las empresas pueden definir sus objetivos de marketing digital. Estos objetivos deben estar alineados con los objetivos empresariales más amplios y contribuir directamente a su consecución. Por ejemplo, si el objetivo empresarial es aumentar la cuota de mercado, un objetivo de marketing digital correspondiente podría ser expandir el conocimiento de la marca y llegar a una audiencia más amplia a través de campañas específicas en redes sociales o esfuerzos de optimización en motores de búsqueda. Al alinear los objetivos de marketing digital con los objetivos empresariales, las empresas aseguran que sus esfuerzos estén enfocados y tengan un impacto directo en el crecimiento general.

En este capítulo, profundizamos en cada uno de estos aspectos y proporcionamos orientación práctica y ejemplos para ayudar a las empresas a establecer una sólida alineación entre sus objetivos empresariales y los objetivos de marketing digital.

Establecimiento de Indicadores Clave de Desempeño (KPI)

Para realizar un seguimiento del progreso y medir el éxito de las iniciativas de marketing digital, las empresas deben establecer indicadores clave de desempeño (KPI, por sus siglas en inglés). Los KPI son métricas específicas que reflejan el logro de los objetivos de marketing digital. Pueden incluir métricas como el tráfico del sitio web, las tasas de conversión, la participación de los clientes, el retorno de la inversión (ROI) o los seguidores en las redes sociales. Al establecer KPI claros, las empresas pueden monitorear y evaluar la efectividad de sus estrategias de marketing digital y tomar decisiones basadas en datos para optimizar sus esfuerzos.

Evaluación y Adaptación Continuas

Por último, destacamos la importancia de la evaluación y adaptación continuas en el proceso de alineación. Los objetivos empresariales y la dinámica del mercado pueden cambiar con el tiempo, y las estrategias de marketing digital deben evolucionar en consecuencia. Reevaluar y realinear regularmente los objetivos de marketing digital con los objetivos empresariales garantiza que las estrategias sigan siendo relevantes y efectivas para impulsar el crecimiento. Al mantenerse ágiles y responder a los cambios del mercado, las empresas pueden optimizar sus esfuerzos de marketing digital y aprovechar las oportunidades emergentes.

A lo largo de este capítulo, proporcionamos ideas prácticas y ejemplos para ilustrar cómo las empresas pueden alinear sus objetivos de marketing digital con sus objetivos empresariales más amplios. Al alinear estos dos componentes críticos, las empresas pueden maximizar el impacto de sus estrategias de marketing digital y lograr resultados significativos y medibles que contribuyan directamente al crecimiento y éxito general del negocio.

Establecimiento de Indicadores Clave de Desempeño (KPI)

En este capítulo, nos adentramos en el proceso de establecer Indicadores Clave de Desempeño (KPI) para el marketing digital. Los KPI desempeñan un papel vital en el seguimiento del progreso, la evaluación del éxito y la optimización de los esfuerzos de marketing digital. Al definir KPI claros y relevantes, las empresas pueden medir eficazmente su rendimiento y tomar decisiones basadas en datos para impulsar el crecimiento y alcanzar sus objetivos de marketing digital.

Comprensión de los Indicadores Clave de Desempeño (KPI)

Para comenzar, proporcionamos una comprensión profunda de qué son los KPI y su importancia en el marketing digital. Los KPI son métricas específicas que reflejan el desempeño y el progreso hacia el logro de los objetivos de marketing digital. Proporcionan una forma cuantificable de medir el éxito, evaluar la efectividad e identificar áreas de mejora. Los KPI pueden variar según la naturaleza del negocio, los objetivos específicos de marketing digital y los canales o tácticas empleadas.

Alinear los KPI con los Objetivos de Marketing Digital

El siguiente paso es alinear los KPI seleccionados con los objetivos de marketing digital establecidos anteriormente. Los KPI deben reflejar directamente los resultados deseados y proporcionar información sobre la efectividad de las estrategias y tácticas empleadas. Por ejemplo, si el objetivo de marketing digital es aumentar el tráfico del sitio web, los KPI relevantes podrían incluir métricas como el número de visitantes únicos, las vistas de página o la tasa de rebote. Al alinear los KPI con los objetivos, las empresas aseguran que están rastreando las métricas adecuadas que contribuyen directamente a los resultados deseados.

Elección de KPI Relevantes y Medibles

Al seleccionar los KPI, es fundamental elegir aquellos que sean relevantes y medibles. Los KPI relevantes están directamente relacionados con los objetivos y objetivos específicos de la campaña de marketing digital. Proporcionan información significativa sobre el progreso hacia esos objetivos. Por otro lado, los KPI medibles son cuantificables y permiten realizar un seguimiento y comparaciones a lo largo del tiempo. Esto garantiza que el progreso pueda evaluarse y medirse de manera objetiva. Al elegir KPI relevantes y medibles, las empresas pueden comprender claramente su rendimiento y tomar decisiones informadas.

Utilizar un Conjunto Equilibrado de KPI

Un conjunto equilibrado de KPI proporciona una visión integral del desempeño en diferentes aspectos del marketing digital. Incluye una combinación de indicadores principales, como el tráfico del sitio web o la participación en las redes sociales, así como indicadores rezagados, como las tasas de conversión o el valor de vida del cliente. Este enfoque equilibrado permite a las empresas monitorear tanto el progreso a corto plazo como el éxito a largo plazo. Al utilizar una variedad de KPI, las empresas obtienen una comprensión integral de su rendimiento en marketing digital.

Monitoreo, Análisis y Optimización de los KPI

Una vez establecidos los KPI, es crucial monitorear, analizar y optimizar regularmente en función de los conocimientos adquiridos. Las empresas deben utilizar herramientas de análisis y mecanismos de informes para rastrear los KPI seleccionados. El monitoreo regular permite la identificación oportuna de tendencias, patrones y áreas de mejora. El análisis de los datos de los KPI proporciona información valiosa sobre la efectividad de las estrategias de marketing digital, destacando lo que funciona bien y las áreas que requieren ajustes. La optimización implica tomar decisiones basadas en datos e implementar cambios para mejorar el rendimiento y maximizar los resultados.

A lo largo de este capítulo, brindamos orientación práctica sobre el establecimiento de KPI relevantes y medibles para campañas de marketing digital. Enfatizamos la importancia de alinear los KPI con los objetivos, elegir un conjunto equilibrado de métricas y monitorear y optimizar continuamente el rendimiento. Al utilizar de manera efectiva los KPI, las empresas pueden realizar un seguimiento del progreso, medir el éxito y tomar decisiones informadas para impulsar el crecimiento y alcanzar sus objetivos de marketing digital.

Capítulo 3
Construyendo una Estrategia de Marketing Digital Efectiva

En este capítulo, nos adentramos en el proceso de construir una estrategia de marketing digital efectiva. Una estrategia bien diseñada sirve como un mapa de ruta para las empresas, delineando los pasos y tácticas necesarios para alcanzar sus objetivos de marketing digital y lograr un crecimiento sostenible. Siguiendo un enfoque sistemático, las empresas pueden maximizar sus esfuerzos de marketing digital y llegar eficazmente a su audiencia objetivo.

Para comenzar, discutimos la importancia de realizar una investigación de mercado exhaustiva y análisis de la competencia. Comprender el panorama del mercado y el entorno competitivo es crucial para identificar oportunidades, diferenciar el negocio de los competidores y adaptar los mensajes de marketing para resonar con la audiencia objetivo. La investigación de mercado proporciona información sobre las preferencias, comportamientos y tendencias de los clientes, mientras que el análisis de la competencia ayuda a las empresas a identificar sus fortalezas, debilidades y propuestas únicas de venta.

A continuación, nos adentramos en el proceso de identificar y comprender la audiencia objetivo. Al crear perfiles detallados de los compradores, las empresas obtienen un profundo entendimiento de sus clientes ideales, incluyendo datos demográficos, intereses, puntos de dolor y motivaciones. Esta información permite a las empresas adaptar sus estrategias de marketing digital para llegar y conectar de manera efectiva con su audiencia objetivo, lo que en última instancia impulsa tasas de conversión más altas y la lealtad de los clientes.

Elegir los canales de marketing digital adecuados es otro aspecto crucial en la construcción de una estrategia efectiva. Discutimos los diversos canales disponibles, incluyendo marketing en motores de búsqueda (SEM), marketing en redes sociales, marketing por correo electrónico, marketing de contenido y más. Cada canal tiene sus fortalezas y características, y las empresas deben seleccionar aquellos que se alineen con las preferencias de su audiencia objetivo y los objetivos comerciales. Comprender las ventajas únicas y las mejores prácticas de cada canal permite a las empresas asignar recursos de manera efectiva y optimizar sus esfuerzos de marketing digital.

Además, exploramos la importancia del marketing de contenido en el éxito del marketing digital. El contenido es el eje central del marketing digital, permitiendo a las empresas interactuar, educar e inspirar a su audiencia. Discutimos la importancia de crear contenido relevante y de alta calidad en varios formatos, como artículos de blog, videos, infografías y podcasts. Desarrollar una estrategia de distribución de contenido garantiza que el contenido adecuado se entregue a través de los canales apropiados, maximizando su alcance e impacto.

Además, enfatizamos el papel del marketing en redes sociales en la construcción de la conciencia de marca, el fomento de las relaciones con los clientes y la generación de conversiones. Discutimos estrategias para crear contenido atractivo en redes sociales, aprovechar el contenido generado por los usuarios y utilizar la publicidad en redes sociales para dirigirse a segmentos de audiencia específicos de manera efectiva. Comprender la dinámica y las mejores prácticas de las plataformas de redes sociales permite a las empresas aprovechar su poder para llegar y conectar con su audiencia.

La medición y el análisis juegan un papel crítico en la optimización de las estrategias de marketing digital. Discutimos la importancia de implementar herramientas de análisis, como Google Analytics, para rastrear y medir los indicadores clave de rendimiento (KPI). Al analizar los datos y monitorear el rendimiento de diversas iniciativas de marketing digital, las empresas pueden obtener información valiosa, identificar áreas de mejora y tomar decisiones basadas en datos para optimizar sus estrategias de manera continua.

Finalmente, enfatizamos la importancia del aprendizaje continuo y la adaptación en el siempre cambiante panorama del marketing digital. Las estrategias de marketing digital deben ser flexibles y adaptables para mantenerse a la vanguardia. Monitorear las tendencias de la industria, mantenerse informado sobre las tecnologías emergentes y probar e iterar estrategias son fundamentales para mantener una ventaja competitiva y lograr una mejora continua.

Al final de este capítulo, los lectores tendrán una comprensión integral de los componentes clave involucrados en la construcción de una estrategia de marketing digital efectiva. Estarán equipados con los conocimientos y herramientas necesarios para realizar investigaciones de mercado, definir audiencias objetivo, seleccionar canales apropiados, crear contenido convincente, medir el rendimiento y adaptar sus estrategias para lograr un éxito a largo plazo en el dinámico panorama del marketing digital.

Análisis de Mercado: Comprender el Paisaje

Comenzamos enfatizando la importancia de llevar a cabo una investigación de mercado exhaustiva. La investigación de mercado implica recopilar y analizar datos relacionados con el mercado objetivo, las tendencias de la industria, las preferencias de los clientes y la demanda del mercado. Ayuda a las empresas a obtener una comprensión profunda del paisaje del mercado, lo que les permite tomar decisiones informadas y desarrollar estrategias que se alineen con las necesidades del mercado. Los métodos de investigación de mercado pueden incluir encuestas, entrevistas, grupos de enfoque y análisis de informes y datos de la industria.

Durante la investigación de mercado, las empresas pueden investigar aspectos como el tamaño del mercado, el perfil demográfico y psicográfico de los clientes, las tendencias y cambios en la industria, los comportamientos de compra y las preferencias del consumidor. La investigación de mercado también puede ayudar a identificar brechas en el mercado y oportunidades para el crecimiento empresarial. Al comprender a fondo el mercado objetivo, las empresas pueden adaptar su estrategia de marketing digital para satisfacer las necesidades y deseos específicos de sus clientes potenciales.

Análisis de Competidores: Evaluar la Competencia

Además de la investigación de mercado, el análisis de competidores juega un papel crucial en la construcción de una estrategia de marketing digital efectiva. El análisis de competidores implica evaluar las fortalezas, debilidades, estrategias y tácticas de los competidores que operan en el mismo mercado. Al analizar la presencia en línea de los competidores, las campañas de marketing, las ofertas de productos, las estrategias de precios y la participación de los clientes, las empresas pueden obtener información sobre su ventaja competitiva y encontrar oportunidades para diferenciarse.

Durante el proceso de análisis de competidores, las empresas pueden utilizar diversas herramientas y técnicas, como el análisis de sitios web de competidores, perfiles de redes sociales y contenido en línea. También pueden recopilar información a través de comentarios de clientes, publicaciones de la industria y monitoreo de actividades de competidores en el mercado. El objetivo es identificar las mejores prácticas de los competidores, descubrir vacíos en el mercado y encontrar oportunidades para posicionar la empresa de manera única.

Utilizando la Investigación de Mercado y el Análisis de Competidores

Al combinar la investigación de mercado y el análisis de competidores, las empresas pueden obtener una comprensión completa del mercado en el que operan y desarrollar una estrategia de marketing digital efectiva. Pueden identificar oportunidades para capitalizar y diferenciarse de la competencia. Al comprender las necesidades y preferencias del mercado objetivo, así como las estrategias de los competidores, las empresas pueden adaptar su estrategia de marketing digital para llegar y atraer de manera efectiva a su audiencia objetivo.

En este capítulo, brindamos orientación práctica sobre cómo llevar a cabo la investigación de mercado y el análisis de competidores. Discutimos los diferentes métodos y herramientas disponibles, así como las mejores prácticas para obtener y analizar datos relevantes. Al utilizar la investigación de mercado y el análisis de competidores de manera efectiva, las empresas pueden tomar decisiones informadas, diferenciarse de la competencia y desarrollar estrategias de marketing digital exitosas que se ajusten a las necesidades y preferencias del mercado.

Identificar la Audiencia Objetivo: Crear Personas del Comprador

A continuación, nos adentramos en el proceso de identificar y comprender la audiencia objetivo. Mediante la creación de detalladas "personas del comprador", las empresas pueden desarrollar una imagen clara de sus clientes ideales. Las personas del comprador son representaciones ficticias de la audiencia objetivo, que incluyen información demográfica, intereses, problemas, motivaciones y patrones de comportamiento. Esta comprensión permite a las empresas adaptar sus estrategias de marketing digital para llegar y conectar de manera efectiva con su audiencia objetivo, entregando los mensajes adecuados a través de los canales adecuados.

Análisis de Competidores: Comprender el Paisaje Competitivo

El análisis de competidores es otro componente crucial de la investigación de mercado. Implica evaluar las fortalezas y debilidades de los competidores, su posicionamiento en el mercado y sus estrategias de marketing digital. Al estudiar los sitios web de los competidores, su presencia en redes sociales, contenido, campañas publicitarias y opiniones de los clientes, las empresas pueden obtener información sobre lo que funciona bien e identificar áreas de oportunidad. El análisis de competidores ayuda a las empresas a diferenciarse, comprender las referencias de la industria e identificar estrategias que les puedan brindar una ventaja competitiva.

Identificación de Oportunidades: Análisis FODA

Como parte de la investigación de mercado y el análisis de competidores, realizar un análisis FODA es muy beneficioso. FODA significa Fortalezas, Oportunidades, Debilidades y Amenazas. Ayuda a las empresas a identificar sus propias fortalezas y debilidades, así como las oportunidades y amenazas presentes en el mercado y el paisaje competitivo. Al comprender estos factores, las empresas pueden capitalizar sus fortalezas, abordar las debilidades, aprovechar las oportunidades y mitigar posibles amenazas. El análisis FODA sirve como base para desarrollar una estrategia de marketing digital dirigida y efectiva.

Recopilación de Datos e Ideas

A lo largo del proceso de investigación de mercado y análisis de competidores, es esencial recopilar datos e ideas relevantes. Esto incluye datos sobre las preferencias de los clientes, las tendencias del mercado, informes de la industria, el rendimiento de los competidores y los comentarios de los clientes. Varias herramientas y recursos, como encuestas en línea, herramientas de escucha en redes sociales, plataformas de análisis e informes de investigación de mercado, pueden proporcionar datos e ideas valiosas. Las empresas deben recopilar y analizar esta información para informar sus estrategias de marketing digital y tomar decisiones basadas en datos.

Al realizar una investigación de mercado exhaustiva y un análisis de competidores, las empresas obtienen una comprensión profunda de su mercado objetivo, el comportamiento del consumidor y el paisaje competitivo. Con estos conocimientos, pueden desarrollar estrategias de marketing digital que resuenen con su audiencia objetivo, se diferencien de los competidores y aprovechen las oportunidades del mercado. El conocimiento obtenido de la investigación de mercado y el análisis de competidores sirve como una base sólida para los siguientes pasos en la construcción de una estrategia de marketing digital efectiva.

Identificar la Audiencia Objetivo y Crear Personas del Comprador

En este capítulo, profundizamos en el proceso de identificar la audiencia objetivo y crear personas del comprador como pasos esenciales en la construcción de una estrategia de marketing digital efectiva. Comprender la audiencia objetivo es crucial para que las empresas adapten sus mensajes de marketing, seleccionen los canales adecuados y se conecten de manera efectiva con los posibles clientes. Mediante la creación de personas detalladas del comprador, las empresas pueden desarrollar un profundo conocimiento de sus clientes ideales, sus necesidades, preferencias y comportamientos.

Entender la Importancia de la Audiencia Objetivo

Comenzamos enfatizando la importancia de identificar la audiencia objetivo. La audiencia objetivo representa el grupo específico de personas o empresas a las que la empresa busca llegar y servir. Definir la audiencia objetivo permite a las empresas enfocar sus esfuerzos de marketing, asignar recursos de manera efectiva y ofrecer mensajes personalizados y relevantes. Comprender la audiencia objetivo permite a las empresas conectarse con posibles clientes a un nivel más profundo y establecer relaciones significativas.

Recopilación de Información Demográfica y Psicográfica

Para crear personas del comprador, las empresas recopilan información demográfica y psicográfica sobre su audiencia objetivo. La información demográfica incluye edad, género, ubicación, nivel de ingresos, ocupación y otros factores relevantes. La información psicográfica profundiza en los intereses, valores, estilos de vida, motivaciones y preferencias de la audiencia objetivo. Esta información ayuda a las empresas a comprender la composición psicográfica de su audiencia objetivo, lo que les permite adaptar sus estrategias de marketing digital para resonar con sus necesidades y deseos específicos.

Realización de Encuestas y Entrevistas

Las encuestas y entrevistas son métodos efectivos para recopilar información sobre la audiencia objetivo. Las empresas pueden crear encuestas en línea o realizar entrevistas individuales para obtener información sobre las preferencias, puntos débiles y motivaciones de los clientes. Al hacer preguntas específicas relacionadas con el negocio y sus ofertas, las empresas pueden recopilar datos valiosos que informan la creación de personas del comprador. Las encuestas y entrevistas brindan retroalimentación directa de la audiencia objetivo, ayudando a las empresas a comprender sus necesidades y desafíos.

Análisis de Datos y Comportamiento del Cliente

El análisis de datos y comportamiento del cliente es otro aspecto crucial para identificar la audiencia objetivo. Al utilizar herramientas de análisis y realizar un seguimiento de las interacciones de los clientes en sitios web, plataformas de redes sociales y otros canales digitales, las empresas pueden recopilar datos valiosos sobre el comportamiento del cliente, incluidos los patrones de navegación, los niveles de participación y el historial de compras. Estos datos proporcionan información sobre las preferencias de la audiencia objetivo, lo que permite a las empresas personalizar sus estrategias de marketing digital en consecuencia.

Creación de Personas Detalladas del Comprador

En base a la información recopilada, las empresas pueden crear personas detalladas del comprador. Una persona del comprador es una representación ficticia del cliente ideal, que incorpora características demográficas y psicográficas. Las personas del comprador suelen incluir un nombre, una foto, un título de trabajo, antecedentes personales, metas, desafíos y otros detalles relevantes. Al visualizar a la audiencia objetivo a través de las personas del comprador, las empresas pueden comprender mejor sus necesidades, preferencias y motivaciones, lo que les permite adaptar sus mensajes de marketing digital, contenido y ofertas para conectar y comprometerse de manera efectiva con los posibles clientes.

Refinamiento y Actualización de las Personas del Comprador

Las personas del comprador deben ser refinadas y actualizadas periódicamente para reflejar cualquier cambio en la audiencia objetivo. A medida que el mercado evoluciona, los comportamientos y preferencias del consumidor pueden cambiar. Las empresas deben realizar investigaciones regulares, analizar los comentarios de los clientes y monitorear las tendencias del mercado para asegurarse de que sus personas del comprador sean precisas y estén actualizadas. El refinamiento y la actualización de las personas del comprador permiten a las empresas adaptar sus estrategias de marketing digital a las necesidades y expectativas en constante evolución de su audiencia objetivo.

Al identificar la audiencia objetivo y crear personas detalladas del comprador, las empresas obtienen un conocimiento más profundo de sus clientes ideales. Este conocimiento les permite desarrollar estrategias de marketing digital personalizadas, seleccionar los canales adecuados y entregar mensajes personalizados que resuenen con la audiencia objetivo. La creación de personas del comprador sirve como base para los pasos posteriores en la construcción de una estrategia de marketing digital efectiva, asegurando que las empresas puedan comprometerse y conectar de manera efectiva con su audiencia objetivo y lograr resultados significativos.

Elección de los Canales de Marketing Digital Adecuados

En este capítulo, exploramos el proceso de elegir los canales de marketing digital adecuados como un paso crucial en la construcción de una estrategia de marketing digital efectiva. Con numerosos canales digitales disponibles, las empresas deben identificar las plataformas que se ajusten a su audiencia objetivo, objetivos comerciales y metas de marketing. Al seleccionar los canales más relevantes, las empresas pueden llegar y atraer eficazmente a su audiencia objetivo, maximizando sus esfuerzos de marketing digital.

Entendiendo los Diferentes Canales de Marketing Digital

Comenzamos proporcionando una descripción general de los diferentes canales de marketing digital disponibles. Estos canales abarcan una amplia gama de plataformas y tácticas, que incluyen el marketing en motores de búsqueda (SEM), el marketing en redes sociales, el marketing por correo electrónico, el marketing de contenidos, el marketing de influencers, la publicidad en display y más. Cada canal tiene sus características, ventajas y demografía de audiencia únicas. Comprender los diferentes canales ayuda a las empresas a tomar decisiones informadas sobre cuáles utilizar en sus estrategias de marketing digital.

Definir las Preferencias de la Audiencia Objetivo

Para elegir los canales de marketing digital adecuados, las empresas deben tener una comprensión clara de las preferencias y comportamientos de su audiencia objetivo. Realizar investigaciones de mercado, analizar datos de clientes y consultar las personas del comprador pueden brindar información sobre los canales que tienen mayor resonancia con la audiencia objetivo. Por ejemplo, si la audiencia objetivo está compuesta principalmente por profesionales jóvenes, plataformas de redes sociales como Instagram o LinkedIn pueden ser más efectivas para llegar y atraerlos.

Alinear los Canales con los Objetivos Empresariales

Los canales de marketing digital deben estar alineados con los objetivos comerciales y las metas de marketing. Diferentes canales destacan en la consecución de resultados específicos. Por ejemplo, el marketing en motores de búsqueda (SEM) puede ser efectivo para generar tráfico y conversiones en un sitio web, mientras que el marketing en redes sociales es adecuado para crear conciencia de marca y fomentar la participación de los clientes. Al alinear los canales con los resultados deseados, las empresas aseguran que sus esfuerzos de marketing digital sean enfocados y efectivos.

Considerar la Adecuación del Canal y los Recursos

Las empresas también deben considerar la adecuación de cada canal según su industria, recursos y capacidades. Algunos canales pueden requerir inversiones más extensas en términos de tiempo, presupuesto y experiencia. Es crucial evaluar la viabilidad de aprovechar ciertos canales y asegurarse de que los recursos necesarios estén disponibles para ejecutar campañas efectivas. Por ejemplo, el marketing de video puede ser un canal poderoso, pero requiere equipos apropiados, capacidad de edición y experiencia creativa.

Evaluar el Paisaje Competitivo

Analizar los esfuerzos de marketing digital de los competidores puede proporcionar información valiosa sobre los canales que utilizan y su efectividad. Al monitorear las actividades de los competidores, las empresas pueden identificar oportunidades, aprender de sus éxitos y fracasos, y determinar qué canales se alinean con su propuesta de valor única. Esta evaluación ayuda a las empresas a tomar decisiones informadas sobre los canales que les darán una ventaja competitiva en el espacio digital.

Probar e Iterar

Las estrategias de marketing digital deben ser dinámicas y adaptables. Las empresas pueden probar diferentes canales, mensajes y tácticas para evaluar su efectividad. A través de pruebas A/B y análisis de datos, las empresas pueden identificar los canales que generan mayor participación, conversiones y retorno de inversión (ROI). Este enfoque iterativo permite una mejora continua y optimización de la estrategia de marketing digital a lo largo del tiempo.

Al elegir los canales de marketing digital adecuados, las empresas pueden llegar eficazmente a su audiencia objetivo, entregar mensajes personalizados y lograr sus objetivos de marketing. Comprender los diferentes canales disponibles, alinearlos con las preferencias de la audiencia objetivo y los objetivos comerciales, considerar los recursos disponibles y monitorear el paisaje competitivo, todo contribuye a tomar decisiones informadas. Las pruebas y la optimización regulares garantizan que las empresas se mantengan al tanto de las tendencias y realicen ajustes basados en datos para lograr el máximo impacto. La selección estratégica de los canales de marketing digital sienta las bases para la implementación exitosa de la estrategia de marketing digital en general.

Capítulo 4

Optimización del Sitio Web y Experiencia del Usuario

Comprendiendo la Importancia de la Optimización del Sitio Web y la Experiencia del Usuario

En este capítulo, profundizamos en la importancia de la optimización del sitio web y la experiencia del usuario en la construcción de una estrategia de marketing digital efectiva. Un sitio web bien optimizado con una experiencia de usuario fluida es esencial para atraer, involucrar y convertir visitantes. Al enfocarse en la optimización del sitio web y la experiencia del usuario, las empresas pueden maximizar la efectividad de sus esfuerzos de marketing digital y generar acciones deseadas de su audiencia objetivo.

Optimización del Rendimiento del Sitio Web

Comenzamos discutiendo la optimización del rendimiento del sitio web, lo cual implica asegurarse de que el sitio web se cargue rápidamente y funcione sin problemas en diferentes dispositivos y navegadores. Los sitios web que se cargan lentamente pueden generar tasas de rebote más altas y frustración entre los usuarios. Exploramos técnicas como la optimización del tamaño de las imágenes, la minimización de las solicitudes HTTP y el uso de almacenamiento en caché y redes de distribución de contenido (CDN, por sus siglas en inglés) para mejorar la velocidad del sitio web. Al priorizar el rendimiento del sitio web, las empresas pueden mejorar la satisfacción del usuario y fomentar sesiones de navegación más prolongadas.

Adaptabilidad y Capacidad de Respuesta Móvil

Con el creciente uso de dispositivos móviles, es crucial que las empresas optimicen sus sitios web para que sean receptivos en dispositivos móviles. Destacamos la importancia del diseño web receptivo, que garantiza que el sitio web se adapte sin problemas a diferentes tamaños de pantalla y resoluciones. Los sitios web amigables para dispositivos móviles ofrecen una experiencia de usuario positiva, permitiendo a los usuarios navegar fácilmente, leer contenido e interactuar con las características del sitio web, independientemente del dispositivo que estén utilizando. Las empresas que priorizan la capacidad de respuesta móvil pueden llegar e involucrar a una audiencia más amplia y mantenerse a la vanguardia en el competitivo panorama digital.

Navegación Intuitiva y Arquitectura de la Información

Una navegación intuitiva y amigable para el usuario es esencial para mejorar la experiencia del usuario. Discutimos la importancia de menús de navegación claros y organizados, jerarquía lógica de páginas y funcionalidad de búsqueda fácilmente accesible. Al proporcionar a los usuarios una experiencia de navegación fluida e intuitiva, las empresas pueden ayudar a los visitantes a encontrar rápidamente la información que están buscando, de manera sencilla. Una arquitectura de información bien estructurada garantiza que los usuarios puedan navegar por el sitio web fácilmente, aumentando la participación y reduciendo las tasas de rebote.

Contenido Persuasivo y Relevante

El contenido persuasivo y relevante es un factor clave para la participación y las conversiones de los usuarios. Exploramos la importancia de crear contenido de alta calidad, informativo y atractivo que resuene con la audiencia objetivo. Las empresas deben desarrollar contenido que aborde los problemas de su audiencia, brinde información valiosa y muestre su experiencia. Al proporcionar contenido que satisfaga las necesidades y expectativas de los usuarios, las empresas pueden establecer credibilidad, generar confianza e incentivar a los visitantes a realizar acciones deseadas, como realizar una compra, suscribirse a un boletín o completar un formulario de contacto.

Optimización de la Tasa de Conversión

La optimización de la tasa de conversión (CRO, por sus siglas en inglés) se enfoca en mejorar la tasa a la cual los visitantes del sitio web se convierten en clientes o realizan acciones deseadas. Discutimos técnicas como implementar botones de llamada a la acción claros y convincentes, optimizar páginas de destino y realizar pruebas A/B para identificar los elementos y diseños más efectivos. Al analizar continuamente el comportamiento del usuario, rastrear métricas de conversión y realizar optimizaciones basadas en datos, las empresas pueden mejorar la tasa de conversión y maximizar el retorno de inversión (ROI) de sus esfuerzos de marketing digital.

Pruebas de Usabilidad y Mejora Continua

Por último, enfatizamos la importancia de las pruebas de usabilidad y la mejora continua. Las pruebas de usabilidad implican recopilar comentarios de los usuarios para identificar puntos problemáticos, áreas de confusión u oportunidades de mejora. Al realizar pruebas de usabilidad, las empresas pueden tomar decisiones informadas e implementar cambios que mejoren la experiencia general del usuario. Además, una cultura de mejora continua garantiza que el sitio web evolucione junto con las necesidades del usuario, las tendencias de la industria y los avances tecnológicos. El monitoreo regular, el análisis y la optimización basados en los comentarios de los usuarios y los conocimientos obtenidos de los datos ayudan a las empresas a ofrecer una experiencia de usuario excepcional y mantener una ventaja competitiva.

Al enfocarse en la optimización del sitio web y la experiencia del usuario, las empresas pueden crear una presencia en línea atractiva y amigable para el usuario. Un sitio web bien optimizado que brinda una experiencia fluida y atractiva en diferentes dispositivos aumenta la satisfacción del usuario, fomenta una mayor participación y genera conversiones. Al priorizar el rendimiento del sitio web, la capacidad de respuesta móvil, la navegación intuitiva, el contenido convincente, la optimización de la tasa de conversión y la mejora continua, las empresas pueden crear un sitio web que no solo atraiga a los visitantes, sino que también brinde una experiencia positiva y significativa al usuario.

Navegación intuitiva y arquitectura de la información

Una navegación intuitiva y amigable para el usuario es esencial para mejorar la experiencia del usuario. Discutimos la importancia de menús de navegación claros y organizados, jerarquía lógica de páginas y funcionalidad de búsqueda de fácil acceso. Al proporcionar a los usuarios una experiencia de navegación fluida e intuitiva, las empresas pueden ayudar a los visitantes a encontrar rápidamente la información que buscan de manera fácil y sin esfuerzo. Una arquitectura de información bien estructurada garantiza que los usuarios puedan navegar por el sitio web fácilmente, lo que aumenta la participación y reduce las tasas de rebote.

Contenido convincente y relevante

El contenido convincente y relevante es un factor clave para la participación y conversión de los usuarios. Exploramos la importancia de crear contenido de alta calidad, informativo y atractivo que resuene con la audiencia objetivo. Las empresas deben crear contenido que aborde los problemas de la audiencia, proporcione ideas valiosas y muestre su experiencia. Al entregar contenido que satisfaga las necesidades y expectativas de los usuarios, las empresas pueden establecer credibilidad, generar confianza y alentar a los visitantes a tomar acciones deseadas, como realizar una compra, suscribirse a un boletín informativo o completar un formulario de contacto.

Optimización de la tasa de conversión

La optimización de la tasa de conversión (CRO) se enfoca en mejorar la tasa a la cual los visitantes del sitio web se convierten en clientes o realizan acciones deseadas. Discutimos técnicas como implementar botones de llamada a la acción claros y convincentes, optimizar páginas de destino y realizar pruebas A/B para identificar los elementos y diseños más efectivos. Al analizar continuamente el comportamiento de los usuarios, rastrear métricas de conversión y realizar optimizaciones basadas en datos, las empresas pueden mejorar la tasa de conversión y maximizar el retorno de inversión (ROI) de sus esfuerzos de marketing digital.

Pruebas de usabilidad y mejora continua

Por último, enfatizamos la importancia de las pruebas de usabilidad y la mejora continua. Las pruebas de usabilidad implican recopilar comentarios de los usuarios para identificar puntos problemáticos, áreas de confusión o oportunidades de mejora. Al realizar pruebas de usabilidad, las empresas pueden tomar decisiones informadas e implementar cambios que mejoren la experiencia general del usuario. Además, una cultura de mejora continua garantiza que el sitio web evolucione de acuerdo con las necesidades de los usuarios, las tendencias de la industria y los avances tecnológicos. El monitoreo regular, el análisis y la optimización basados en los comentarios de los usuarios y los conocimientos obtenidos de los datos ayudan a las empresas a ofrecer una experiencia de usuario excepcional y mantener una ventaja competitiva.

Al enfocarse en la optimización del sitio web y la experiencia del usuario, las empresas pueden crear una presencia en línea atractiva y fácil de usar. Un sitio web bien optimizado que brinde una experiencia fluida y atractiva en diferentes dispositivos aumenta la satisfacción del usuario, fomenta una mayor participación y impulsa las conversiones. Al priorizar el rendimiento del sitio web, la capacidad de respuesta móvil, la navegación intuitiva, el contenido convincente, la optimización de la tasa de conversión y la mejora continua, las empresas pueden crear un sitio web que no solo atraiga visitantes, sino que también brinde una experiencia de usuario positiva y significativa.

Diseño de un sitio web fácil de usar

En este capítulo, nos adentramos en el proceso de diseño de un sitio web fácil de usar, lo cual es esencial para proporcionar a los visitantes una experiencia positiva y maximizar la efectividad de los esfuerzos de marketing digital. Un sitio web fácil de usar garantiza que los visitantes puedan navegar, interactuar y encontrar información fácilmente, lo que lleva a un mayor compromiso, conversiones y satisfacción del cliente.

Navegación clara e intuitiva

Comenzamos enfatizando la importancia de una navegación clara e intuitiva. Un menú de navegación bien diseñado permite a los visitantes encontrar la información que buscan de manera rápida y sin esfuerzo. Discutimos técnicas como organizar los elementos de navegación de manera lógica, utilizar etiquetas descriptivas y proporcionar migas de pan para ayudar a los usuarios a comprender su ubicación actual dentro de la estructura del sitio web. Al simplificar la navegación y reducir la fricción, las empresas pueden mejorar la experiencia del usuario y alentar a los visitantes a explorar más.

Diseño receptivo y compatible con dispositivos móviles

Con el aumento del uso de dispositivos móviles, es crucial diseñar sitios web que sean receptivos y compatibles con dispositivos móviles. Exploramos la importancia del diseño web receptivo, que garantiza que el sitio web se adapte sin problemas a diferentes tamaños y resoluciones de pantalla. Al optimizar el diseño del sitio web, los tamaños de fuente y los elementos interactivos para dispositivos móviles, las empresas pueden brindar una experiencia de usuario consistente y agradable en todas las plataformas. El diseño compatible con dispositivos móviles no solo mejora la satisfacción del usuario, sino que también mejora la clasificación en los motores de búsqueda, ya que los motores de búsqueda priorizan los sitios web compatibles con dispositivos móviles en sus resultados.

Contenido legible y atractivo

El contenido legible y atractivo es un componente clave de un sitio web fácil de usar. Discutimos la importancia de utilizar fuentes claras y legibles, tamaños de fuente adecuados y espaciado de líneas suficiente para mejorar la legibilidad. Las empresas también deben centrarse en crear contenido conciso y escaneable, utilizando encabezados, viñetas y elementos visuales para dividir el texto y mejorar la comprensión. Al presentar la información de manera visualmente atractiva y fácil de comprender, las empresas pueden mantener a los visitantes comprometidos y alentarlos a pasar más tiempo en el sitio web.

Branding y diseño visual coherentes

El branding y el diseño visual coherentes contribuyen a una experiencia de usuario cohesionada y profesional. Exploramos la importancia de incorporar elementos de branding consistentes, como logotipos, esquemas de color y tipografía, en todo el sitio web. La coherencia en los elementos de diseño ayuda a construir el reconocimiento de marca y fomenta una sensación de confianza y familiaridad entre los visitantes. Al mantener un diseño visualmente atractivo y coherente, las empresas pueden mejorar la experiencia general del usuario y reforzar su identidad de marca.

Optimización de la velocidad de carga de las páginas

La velocidad de carga de las páginas juega un papel crucial en la experiencia del usuario y el rendimiento del sitio web. Discutimos técnicas como optimizar el tamaño de las imágenes, minimizar el tiempo de respuesta del servidor y aprovechar el almacenamiento en caché del navegador para mejorar la velocidad de carga de las páginas. Un sitio web de carga rápida reduce las tasas de rebote y mantiene a los visitantes comprometidos, ya que no tienen que esperar a que aparezca el contenido. Al priorizar la optimización de la velocidad de las páginas, las empresas pueden proporcionar una experiencia de navegación fluida y eficiente, mejorando la satisfacción del usuario y fomentando visitas repetidas.

Formularios y llamadas a la acción fáciles de usar

Los formularios y las llamadas a la acción fáciles de usar son esenciales para facilitar las conversiones y capturar información de los visitantes. Exploramos las mejores prácticas para diseñar formularios que sean fáciles de completar, con etiquetas claras y campos de entrada adecuados. Las empresas también deben optimizar las llamadas a la acción (CTA) haciéndolas visualmente prominentes, utilizando copias convincentes y asegurándose de que se destaquen en la página. Al simplificar el proceso de conversión y hacerlo fácil de usar, las empresas pueden aumentar la probabilidad de que los visitantes realicen las acciones deseadas.

Pruebas y comentarios de usuarios

A lo largo del proceso de diseño del sitio web, las pruebas y los comentarios de los usuarios desempeñan un papel crucial en la identificación de áreas de mejora y la mejora de la experiencia del usuario. Discutimos la importancia de realizar pruebas de usabilidad, recopilar comentarios de usuarios reales e incorporar sus ideas en las iteraciones del diseño del sitio web. Al involucrar activamente a los usuarios en el proceso de diseño, las empresas pueden descubrir problemas de usabilidad, optimizar el flujo de usuario y ofrecer un sitio web que se ajuste a las necesidades y expectativas de los usuarios.

Al centrarse en el diseño de un sitio web fácil de usar, las empresas pueden crear una experiencia en línea positiva y atractiva para los visitantes. Una navegación clara e intuitiva, diseño receptivo, contenido legible, branding y diseño visual coherentes, optimización de la velocidad de carga de las páginas, formularios y llamadas a la acción fáciles de usar, y pruebas y comentarios de usuarios contribuyen a un sitio web fácil de usar que proporciona una experiencia de usuario fluida. Al priorizar los principios de diseño centrados en el usuario, las empresas pueden aumentar el compromiso, las conversiones y la satisfacción del cliente, lo que en última instancia impulsa el éxito de sus esfuerzos de marketing digital.

Implementación de técnicas de optimización para motores de búsqueda (SEO)

En este capítulo, exploramos la importancia de implementar técnicas de optimización para motores de búsqueda (SEO) como parte de la optimización del sitio web. El SEO juega un papel fundamental en mejorar la visibilidad del sitio web, aumentar el tráfico orgánico y mejorar la experiencia general del usuario. Al implementar estrategias de SEO efectivas, las empresas pueden aumentar su presencia en línea, atraer visitantes relevantes y lograr mejores posiciones en las páginas de resultados de los motores de búsqueda (SERPs).

Investigación y optimización de palabras clave

Comenzamos discutiendo la importancia de la investigación de palabras clave en SEO. La investigación de palabras clave implica identificar los términos y frases de búsqueda que los posibles clientes utilizan al buscar productos, servicios o información relacionada con el negocio. Mediante una investigación exhaustiva de palabras clave, las empresas pueden descubrir información valiosa sobre la intención y el comportamiento del usuario. La optimización del contenido del sitio web, incluidos encabezados, títulos, descripciones meta y contenido en la página, con palabras clave relevantes ayuda a los motores de búsqueda a comprender la relevancia del sitio web para las consultas de los usuarios.

Optimización en la página

La optimización en la página se centra en optimizar páginas web individuales para mejorar su visibilidad y relevancia para los motores de búsqueda. Exploramos técnicas como la optimización de etiquetas meta, la estructura de URL, los encabezados y las etiquetas alternativas de imágenes. Al adherirse a las mejores prácticas de optimización en la página, las empresas pueden mejorar la capacidad de rastreo e indexación de su sitio web, lo que facilita a los motores de búsqueda comprender y clasificar el contenido.

SEO técnico

El SEO técnico implica optimizar los aspectos técnicos de un sitio web para asegurarse de que los motores de búsqueda puedan rastrear, indexar y comprender el contenido de manera efectiva. Discutimos técnicas como mapas de sitio XML, archivos robots.txt, etiquetas canónicas y marcado de esquema. La implementación de prácticas de SEO técnico ayuda a los motores de búsqueda a interpretar el contenido del sitio web de manera precisa y mejora el rendimiento general del sitio web, lo que impacta positivamente en los rankings de búsqueda.

Arquitectura y estructura del sitio web

La arquitectura y estructura del sitio web juegan un papel crucial tanto en la experiencia del usuario como en el SEO. Discutimos la importancia de organizar el contenido en categorías lógicas, crear una estructura de navegación clara e intuitiva e implementar estrategias de enlaces internos. Un sitio web bien estructurado no solo mejora la navegación del usuario, sino que también permite a los motores de búsqueda rastrear y comprender la jerarquía y relevancia del contenido del sitio web.

Optimización de contenido

La optimización de contenido se centra en la creación de contenido de alta calidad, informativo y relevante que se alinee con la intención del usuario y las pautas de los motores de búsqueda. Exploramos técnicas como la incorporación natural de palabras clave objetivo, la optimización de la longitud y legibilidad del contenido, y el uso de etiquetas de encabezado y viñetas. Al optimizar el contenido del sitio web, las empresas pueden mejorar la visibilidad en los motores de búsqueda, atraer tráfico orgánico y proporcionar información valiosa a los usuarios.

Optimización para dispositivos móviles

La optimización para dispositivos móviles es fundamental, teniendo en cuenta el aumento del uso de dispositivos móviles para la navegación en Internet. Discutimos la importancia del diseño web adaptable, la rapidez en la carga de páginas y las interfaces de usuario amigables para dispositivos móviles. La optimización para dispositivos móviles garantiza que los sitios web ofrezcan una experiencia fluida y amigable para el usuario en diferentes dispositivos, mejorando tanto la satisfacción del usuario como los rankings en los motores de búsqueda.

Construcción de enlaces y SEO fuera de la página

La construcción de enlaces y las técnicas de SEO fuera de la página son vitales para establecer la autoridad y credibilidad del sitio web. Exploramos estrategias como la adquisición de enlaces de alta calidad de sitios web reputados, la promoción en redes sociales y el fomento de relaciones con influyentes de la industria. Los esfuerzos efectivos de construcción de enlaces mejoran la reputación y visibilidad del sitio web, indicando a los motores de búsqueda que el sitio web ofrece contenido valioso y merece mejores posiciones.

Monitoreo y análisis regulares

El monitoreo y análisis regulares son esenciales para medir la efectividad de las estrategias de SEO y realizar optimizaciones basadas en datos. Discutimos la importancia de monitorear indicadores clave de rendimiento (KPI) como el tráfico orgánico, los rankings, las tasas de rebote y las conversiones. Al aprovechar las herramientas de análisis y mantenerse informado sobre las actualizaciones de los algoritmos de los motores de búsqueda, las empresas pueden identificar áreas de mejora, refinar sus estrategias de SEO y mantenerse a la vanguardia en los rankings de los motores de búsqueda.

Al implementar técnicas de SEO efectivas, las empresas pueden mejorar la visibilidad de su sitio web, atraer tráfico orgánico y mejorar la experiencia general del usuario. La investigación y optimización de palabras clave, el SEO en la página y técnico, la arquitectura y estructura del sitio web, la optimización de contenido, la optimización para dispositivos móviles, la construcción de enlaces y el SEO fuera de la página, y el monitoreo y análisis regulares contribuyen a una estrategia integral de SEO. Al optimizar continuamente sus sitios web para los motores de búsqueda, las empresas pueden aumentar su presencia en línea, llegar a su audiencia objetivo y lograr un crecimiento sostenible.

Mejorando el rendimiento del sitio web y la optimización móvil

En este capítulo, exploramos la importancia de mejorar el rendimiento del sitio web y la optimización móvil como partes integrales de la optimización del sitio web y la experiencia del usuario. Un sitio web de carga rápida y receptivo no solo mejora la satisfacción del usuario, sino que también contribuye a mejores clasificaciones en los motores de búsqueda y a un aumento en las conversiones. Al centrarse en el rendimiento del sitio web y la optimización móvil, las empresas pueden brindar una experiencia fluida y atractiva a su audiencia en diferentes dispositivos.

Optimización de la velocidad de carga de la página

Comenzamos discutiendo la importancia de optimizar la velocidad de carga de la página. Los sitios web que cargan lentamente pueden provocar altas tasas de rebote y frustración en los visitantes. Exploramos técnicas como optimizar el tamaño de las imágenes, minimizar el código y los scripts, aprovechar el almacenamiento en caché del navegador y utilizar redes de entrega de contenido (CDN). Al implementar estas prácticas de optimización, las empresas pueden mejorar los tiempos de carga del sitio web, proporcionando una experiencia de navegación fluida y eficiente que mantiene a los visitantes comprometidos y los alienta a explorar más.

Diseño web receptivo

Con el aumento de la navegación móvil, el diseño web receptivo se ha vuelto crucial para ofrecer una experiencia consistente y fácil de usar en diferentes dispositivos y tamaños de pantalla. Ahondamos en la importancia de diseñar sitios web que se adapten automáticamente a diferentes resoluciones y orientaciones. El diseño receptivo garantiza que los elementos, el contenido y la funcionalidad del sitio web sean accesibles y visualmente atractivos, independientemente del dispositivo utilizado. Al priorizar el diseño web receptivo, las empresas pueden atender a la creciente audiencia móvil y proporcionar una experiencia perfecta en smartphones y tablets.

Interfaz de usuario amigable para dispositivos móviles

La optimización móvil va más allá del diseño receptivo. Discutimos la importancia de crear una interfaz de usuario amigable para dispositivos móviles que se adapte específicamente a las características únicas de los dispositivos móviles. Esto incluye diseñar botones y menús táctiles, utilizar tamaños de fuente y espaciado adecuados para pantallas móviles y simplificar los formularios y la navegación para facilitar su uso en pantallas más pequeñas. Al optimizar la interfaz de usuario para dispositivos móviles, las empresas pueden garantizar que los usuarios móviles tengan una experiencia positiva e intuitiva, lo que conduce a un mayor compromiso y conversiones.

Al centrarse en el rendimiento del sitio web y la optimización móvil, las empresas pueden brindar una experiencia fluida y atractiva a su audiencia en diferentes dispositivos.

Páginas móviles aceleradas (AMP)

Las Páginas móviles aceleradas (AMP) son una tecnología que mejora aún más la optimización móvil al ofrecer tiempos de carga ultrarrápidos para las páginas web móviles. Exploramos los beneficios de implementar AMP, como una mejor experiencia de usuario, una reducción en las tasas de rebote y una mayor visibilidad en los resultados de búsqueda móvil. Al crear versiones AMP de páginas web relevantes, las empresas pueden proporcionar una experiencia excepcional de navegación móvil, especialmente para páginas centradas en contenido como artículos, publicaciones de blog y noticias.

Simplificación y optimización del código del sitio web

La eficiencia del código del sitio web tiene un impacto significativo en el rendimiento. Discutimos la importancia de simplificar y optimizar el código del sitio web para reducir scripts, CSS y HTML innecesarios. Al minimizar el código, eliminar recursos que bloquean el renderizado y comprimir archivos, las empresas pueden mejorar la velocidad de carga del sitio web y su rendimiento general. Un código limpio y optimizado garantiza que las páginas web se entreguen de manera rápida y eficiente, mejorando la experiencia del usuario y la visibilidad en los motores de búsqueda.

Pruebas y optimización en diferentes dispositivos

Para garantizar una experiencia fluida en varios dispositivos, las empresas deben realizar pruebas y optimizaciones exhaustivas. Enfatizamos la importancia de probar los sitios web en diferentes tamaños de pantalla, sistemas operativos y navegadores. Al identificar y abordar cualquier problema de usabilidad o visualización, las empresas pueden proporcionar una experiencia de usuario consistente y de alta calidad en el diverso panorama de dispositivos utilizados por su audiencia.

Monitoreo continuo y mejora

El rendimiento del sitio web y la optimización móvil requieren un monitoreo continuo y una mejora constante. Discutimos la importancia de utilizar herramientas de análisis para rastrear indicadores clave de rendimiento (KPI), como la velocidad de carga de las páginas, las tasas de rebote y el compromiso del usuario en diferentes dispositivos. Al analizar regularmente los datos, identificar áreas de mejora e implementar cambios iterativos, las empresas pueden asegurarse de que su sitio web se mantenga rápido, fácil de usar y optimizado para dispositivos móviles.

Al mejorar el rendimiento del sitio web e implementar estrategias de optimización móvil, las empresas pueden proporcionar una experiencia de usuario fluida y atractiva en todos los dispositivos. Optimizar la velocidad de carga de las páginas, adoptar el diseño web receptivo, crear interfaces de usuario amigables para dispositivos móviles, utilizar AMP, simplificar el código del sitio web, realizar pruebas y optimizaciones, y monitorear y mejorar continuamente el rendimiento son aspectos clave para lograr una experiencia de usuario excepcional. Al priorizar el rendimiento del sitio web y la optimización móvil, las empresas pueden aumentar la satisfacción del usuario, impulsar las conversiones y mantenerse a la vanguardia en el competitivo panorama digital.

Capítulo 5
Marketing de Contenidos y Narración

En este capítulo, nos adentramos en el poder del marketing de contenidos y la narración como estrategias efectivas para cautivar a las audiencias y lograr el éxito empresarial. El marketing de contenidos implica crear y compartir contenido valioso, relevante y consistente para atraer y retener a una audiencia objetivo claramente definida. Al incorporar técnicas de narración, las empresas pueden crear una narrativa convincente que cautiva a su audiencia y construye conexiones emocionales sólidas.

Entendiendo el Marketing de Contenidos

Comenzamos explorando el concepto de marketing de contenidos y su importancia en el panorama digital actual. El marketing de contenidos va más allá de la publicidad tradicional y se enfoca en proporcionar información valiosa, entretenimiento o educación a la audiencia objetivo. Discutimos los beneficios del marketing de contenidos, como establecer el liderazgo de pensamiento, construir conciencia de marca, cultivar relaciones con los clientes y generar conversiones. Al entregar contenido valioso, las empresas pueden posicionarse como autoridades confiables en su industria y captar la atención y lealtad de su audiencia objetivo.

Creación de Contenido Atractivo y Relevante

Enfatizamos la importancia de crear contenido atractivo y relevante que resuene con la audiencia objetivo. Discutimos varios tipos de contenido, que incluyen artículos de blog, videos, infografías, podcasts y publicaciones en redes sociales. Las empresas deben comprender las preferencias y puntos problemáticos de su audiencia para desarrollar contenido que aborde sus necesidades e intereses. Al crear contenido de alta calidad y valioso, las empresas pueden atraer y cautivar a su audiencia, posicionándose como una fuente confiable de información y soluciones.

Optimización de Contenido para Motores de Búsqueda

Además de crear contenido atractivo, las empresas deben optimizar su contenido para los motores de búsqueda. Exploramos la importancia de la investigación de palabras clave y la incorporación natural de palabras clave relevantes en el contenido. Las empresas también deben enfocarse en redactar títulos y descripciones meta convincentes que inciten a los usuarios a hacer clic en su contenido en los resultados de búsqueda. Al implementar las mejores prácticas de SEO, las empresas pueden mejorar la visibilidad de su contenido en los rankings de los motores de búsqueda, aumentar el tráfico orgánico y ampliar el alcance de su contenido.

Narración y Conexiones Emocionales

La narración es una técnica poderosa que ayuda a las empresas a conectarse con su audiencia a un nivel más profundo. Discutimos los elementos de una narración efectiva, como crear una narrativa convincente, involucrar las emociones de la audiencia e incorporar personajes y experiencias relacionables. Al contar historias auténticas y relacionables, las empresas pueden evocar emociones, fomentar un sentido de conexión y construir una identidad de marca sólida. La narración permite a las empresas diferenciarse de la competencia y dejar un impacto duradero en su audiencia.

Distribución y Promoción de Contenido

Crear un gran contenido es solo el primer paso. Exploramos estrategias para distribuir y promocionar contenido para asegurarse de que llegue a la audiencia prevista. Esto incluye aprovechar varios canales como las redes sociales, el marketing por correo electrónico, las colaboraciones con influyentes y la sindicación de contenido. Las empresas deben adaptar su estrategia de distribución para llegar de manera efectiva a su audiencia objetivo y maximizar la visibilidad y el alcance de su contenido. Al promover contenido a través de canales estratégicos, las empresas pueden expandir su audiencia y generar tráfico hacia su sitio web u otras plataformas deseadas.

Medición y Análisis del Desempeño del Contenido

Para evaluar la efectividad de los esfuerzos de marketing de contenidos, las empresas deben medir y analizar el rendimiento del contenido. Discutimos métricas clave a seguir, como el tráfico del sitio web, las tasas de participación, las acciones en redes sociales y las conversiones. Al analizar datos e información, las empresas pueden comprender qué contenido resuena con su audiencia y tomar decisiones basadas en datos para optimizar futuras estrategias de contenido. El monitoreo y análisis regulares permiten a las empresas perfeccionar su enfoque de marketing de contenidos y obtener mejores resultados con el tiempo.

El marketing de contenidos y la narración son estrategias poderosas para involucrar a las audiencias, construir autoridad de marca y lograr el crecimiento empresarial. Al crear contenido valioso y relevante, optimizarlo para los motores de búsqueda, incorporar técnicas de narración, distribuirlo y promocionarlo de manera efectiva, y medir su desempeño, las empresas pueden atraer y retener a su audiencia objetivo, fomentar conexiones emocionales sólidas y lograr sus objetivos de marketing. Con la estrategia de marketing de contenidos adecuada, las empresas pueden diferenciarse en el mercado competitivo y establecer una sólida presencia en línea.

Contar historias cautivadoras

La narración de historias es una técnica poderosa para conectar con las audiencias a nivel emocional. Exploramos los elementos de la narración efectiva, incluyendo el desarrollo de personajes identificables, la creación de una trama convincente y la evocación de emociones. Al incorporar la narración en los esfuerzos de marketing de contenidos, las empresas pueden captar y cautivar a su audiencia, creando experiencias memorables que dejan una impresión duradera. Las historias tienen el poder de inspirar, entretener y educar, convirtiéndose en una herramienta efectiva para construir lealtad a la marca y fomentar la participación del cliente.

Alineación del contenido con la identidad de la marca

Discutimos la importancia de alinear el contenido con la identidad y los valores de la marca. La consistencia en el mensaje, el tono y el estilo ayuda a reforzar la personalidad de la marca y resuena con la audiencia objetivo. Exploramos técnicas para incorporar elementos de la marca en el contenido, como el uso de la voz de la marca, la incorporación de elementos visuales de la marca y la exhibición de los valores de la marca a través de la narración de historias. Al asegurarse de que el contenido se alinee con la identidad de la marca, las empresas pueden fortalecer la percepción de su marca y fomentar una sensación de autenticidad y confianza entre su audiencia.

Aprovechamiento de los canales de distribución de contenido

Crear un contenido excelente es solo la mitad de la batalla; las empresas también deben distribuirlo de manera efectiva para llegar a su audiencia objetivo. Discutimos diversos canales de distribución de contenido, como plataformas de redes sociales, marketing por correo electrónico, colaboraciones con influyentes y optimización para motores de búsqueda (SEO). Cada canal requiere un enfoque personalizado para maximizar la visibilidad y la participación. Al aprovechar los canales de distribución adecuados, las empresas pueden ampliar el alcance de su contenido, atraer nuevas audiencias y dirigir tráfico a su sitio web.

Medición del rendimiento del contenido y la iteración

Medir el rendimiento de los esfuerzos de marketing de contenidos es crucial para optimizar las estrategias y lograr los resultados deseados. Exploramos indicadores clave de rendimiento (KPIs) como el tráfico del sitio web, las métricas de participación, el alcance en las redes sociales y las tasas de conversión. Al utilizar herramientas de análisis y analizar datos, las empresas pueden obtener información sobre qué contenido resuena mejor con su audiencia y tomar decisiones basadas en datos para la creación de contenido futura. El monitoreo continuo y la iteración basada en información de rendimiento permiten a las empresas perfeccionar sus estrategias de marketing de contenidos y obtener resultados aún mejores.

Al incorporar el marketing de contenidos y la narración de historias en sus estrategias, las empresas pueden conectarse con su audiencia a un nivel más profundo, construir lealtad a la marca y fomentar la participación y las conversiones. La creación de contenido atractivo y relevante, la narración de historias cautivadoras, la alineación del contenido con la identidad de la marca, el aprovechamiento de los canales de distribución y la medición del rendimiento del contenido contribuyen a una estrategia exitosa de marketing de contenidos. Al entregar consistentemente contenido valioso y narrativas atractivas, las empresas pueden establecerse como autoridades confiables y cultivar relaciones duraderas con su audiencia objetivo.

Creación de contenido convincente y relevante

En este capítulo, exploramos el arte de crear contenido convincente y relevante como aspecto fundamental del marketing de contenidos. El contenido atractivo y valioso es la piedra angular para atraer y retener a una audiencia, impulsar el reconocimiento de la marca y, en última instancia, lograr el éxito empresarial. Al comprender las necesidades e intereses de la audiencia objetivo, las empresas pueden crear contenido que resuene con su audiencia y establecerse como una fuente confiable de información y soluciones.

Entender a la audiencia objetivo

Comenzamos enfatizando la importancia de entender a la audiencia objetivo. Al realizar investigaciones de mercado, analizar la demografía e identificar los perfiles de compradores, las empresas obtienen información sobre las preferencias, puntos problemáticos e intereses de su audiencia. Esta comprensión forma la base para crear contenido que hable directamente a sus necesidades y capte su atención. Al adaptar el contenido a los intereses específicos y desafíos de la audiencia objetivo, las empresas pueden posicionarse como recursos valiosos y construir conexiones sólidas.

Brindar valor y resolver problemas

El contenido valioso es clave para captar y retener la atención de la audiencia. Discutimos la importancia de proporcionar contenido educativo, informativo y entretenido que aborde los problemas de la audiencia o brinde soluciones. Al ofrecer ideas, consejos, tutoriales o asesoramiento experto, las empresas pueden establecerse como líderes en la industria y fuentes confiables de información relevante. El contenido valioso no solo genera confianza, sino que también alienta a la audiencia a participar, compartir y regresar por más.

Narración de historias y emociones

La narración de historias es una técnica poderosa para crear conexiones emocionales con la audiencia. Exploramos los elementos de la narración de historias, como el desarrollo de personajes, el conflicto y la resolución. Al incorporar la narración de historias en el contenido, las empresas pueden evocar emociones, cautivar a la audiencia y tener un impacto duradero. Las historias tienen la capacidad de inspirar, entretener y comprometer a un nivel más profundo, lo que permite a las empresas forjar conexiones significativas y fomentar la lealtad a la marca.

Contenido visual e interactivo

El contenido visual e interactivo puede mejorar significativamente el compromiso y hacer que el contenido sea más memorable. Discutimos la efectividad de utilizar imágenes, videos, infografías y elementos interactivos para captar la atención de la audiencia y transmitir información de manera convincente. El contenido visual no solo rompe el texto, sino que también ayuda a transmitir conceptos complejos de manera rápida y efectiva. El contenido interactivo, como cuestionarios, encuestas e infografías interactivas, fomenta la participación de la audiencia y crea una experiencia más inmersiva.

Coherencia y frescura

La coherencia es clave para mantener el compromiso de la audiencia y construir una base de seguidores leales. Enfatizamos la importancia de ofrecer contenido de manera constante y cumplir con un calendario de contenido o programa de publicación. Actualizar regularmente el contenido demuestra el compromiso de la empresa de proporcionar información actualizada y relevante. Además, las empresas deben esforzarse por crear contenido fresco y único que ofrezca una nueva perspectiva o presente información de una manera nueva e interesante. Al mantenerse actualizados e innovadores, las empresas pueden atraer y retener la atención de su audiencia.

Titulares y ganchos atractivos

Captar la atención de la audiencia comienza con titulares y ganchos atractivos. Exploramos técnicas para crear titulares convincentes que despierten la curiosidad e inciten a los lectores a hacer clic y explorar más. Las empresas deben centrarse en crear titulares claros, concisos e intrigantes que transmitan el valor y la relevancia del contenido. Los ganchos, como introducciones o declaraciones iniciales convincentes, ayudan a cautivar a la audiencia desde el principio y la impulsan a seguir leyendo o interactuando con el contenido.

Contenido generado por el usuario y prueba social

El contenido generado por el usuario y la prueba social desempeñan un papel importante en la construcción de confianza y autenticidad. Discutimos los beneficios de fomentar el contenido generado por el usuario, como testimonios de clientes, reseñas e historias contribuidas por usuarios. Al mostrar experiencias reales y comentarios positivos, las empresas pueden aprovechar la prueba social para establecer credibilidad e inspirar confianza en su audiencia. El contenido generado por el usuario también fomenta un sentido de comunidad y fomenta la participación de la audiencia.

Al crear contenido convincente y relevante, las empresas pueden cautivar a su audiencia, establecer liderazgo de pensamiento y aumentar el compromiso y las conversiones. Entender a la audiencia objetivo, proporcionar valor, incorporar narración de historias y emoción, aprovechar elementos visuales e interactivos, mantener coherencia y frescura, crear titulares y ganchos atractivos y aprovechar el contenido generado por el usuario, todo contribuye a una sólida estrategia de marketing de contenidos. Al ofrecer consistentemente contenido de alta calidad que satisfaga las necesidades e intereses de la audiencia, las empresas pueden construir conexiones sólidas, fomentar la lealtad a la marca y lograr un éxito a largo plazo.

Implementación de Estrategias de Distribución de Contenido

En este capítulo, exploramos la importancia de implementar estrategias efectivas de distribución de contenido como un componente crucial del marketing de contenido. Crear un gran contenido es solo la mitad de la batalla; las empresas también deben asegurarse de que su contenido llegue al público objetivo y genere la máxima visibilidad y participación. Al aprovechar varios canales y tácticas de distribución de contenido, las empresas pueden ampliar el alcance de su contenido, atraer nuevas audiencias y dirigir tráfico a su sitio web.

Entender los Canales de Distribución de Contenido

Comenzamos discutiendo los diferentes canales de distribución de contenido disponibles. Estos canales abarcan una amplia gama de plataformas y tácticas, incluyendo plataformas de redes sociales, marketing por correo electrónico, colaboraciones con influencers, publicación de invitados, sindicación de contenido y optimización en motores de búsqueda (SEO). Cada canal ofrece ventajas únicas y alcance de audiencia, y las empresas deben seleccionar cuidadosamente los canales que se alinean con las preferencias y comportamientos de su público objetivo.

Marketing en Redes Sociales

Las plataformas de redes sociales son herramientas poderosas para la distribución de contenido. Exploramos la importancia de seleccionar las redes sociales adecuadas en función de la demografía e intereses del público objetivo. Las empresas deben crear contenido atractivo y compartible que resuene con los usuarios de las redes sociales. Al aprovechar técnicas de marketing en redes sociales, como crear imágenes visuales atractivas, utilizar hashtags apropiados y fomentar la participación del público, las empresas pueden aumentar la visibilidad del contenido, generar interacciones en redes sociales y dirigir tráfico al sitio web.

Marketing por Correo Electrónico

El marketing por correo electrónico es una estrategia efectiva de distribución de contenido para llegar directamente a una audiencia objetivo. Discutimos la importancia de construir una lista de correos electrónicos y segmentarla en función de los intereses de los usuarios. Al crear campañas de correo electrónico personalizadas y relevantes que entreguen contenido valioso, las empresas pueden fomentar relaciones con sus suscriptores, dirigir tráfico a piezas de contenido específicas y fomentar la participación y las conversiones.

Colaboraciones con influencers

Colaborar con influencers puede ampliar significativamente el alcance y la visibilidad del contenido. Exploramos los beneficios de identificar influencers en la industria o nicho y asociarse con ellos para promocionar contenido ante su audiencia. Al aprovechar la credibilidad y el seguimiento del influencer, las empresas pueden llegar a nuevas audiencias, obtener pruebas sociales y dirigir tráfico a su contenido.

Publicación de invitados

La publicación de invitados implica escribir y publicar contenido en sitios web o blogs externos. Discutimos las ventajas de la publicación de invitados, como llegar a nuevas audiencias, construir enlaces entrantes y establecer liderazgo de pensamiento. Al identificar sitios web de reputación que se alineen con los intereses del público objetivo, las empresas pueden contribuir con contenido valioso y obtener exposición ante una audiencia más amplia.

Sindicación de contenido

La sindicación de contenido implica distribuir contenido a través de plataformas o redes de terceros. Exploramos los beneficios de sindicar contenido en plataformas como Medium, LinkedIn Pulse o agregadores de contenido específicos de la industria. La sindicación permite a las empresas llegar a audiencias más amplias, aumentar la visibilidad de la marca y dirigir tráfico de vuelta a su sitio web.

Optimización en motores de búsqueda (SEO)

La optimización en motores de búsqueda (SEO) desempeña un papel crucial en la distribución de contenido al mejorar la visibilidad del contenido en las páginas de resultados de los motores de búsqueda (SERPs). Discutimos la importancia de optimizar el contenido para palabras clave relevantes, crear etiquetas meta y descripciones, y construir enlaces de alta calidad. Al implementar estrategias de SEO efectivas, las empresas pueden aumentar el tráfico orgánico a su contenido y atraer a usuarios que buscan activamente información relevante.

Publicidad pagada

La publicidad pagada ofrece oportunidades para la promoción de contenido dirigida. Exploramos opciones como la publicidad en motores de búsqueda (pago por clic), publicidad en redes sociales y publicidad nativa. Al asignar estratégicamente presupuestos publicitarios y dirigirse a segmentos de audiencia específicos, las empresas pueden ampliar el alcance de su contenido, generar tráfico a su sitio web y aumentar la visibilidad de su marca.

Monitoreo y análisis

El monitoreo del desempeño de los esfuerzos de distribución de contenido es vital para comprender qué canales y tácticas son más efectivos. Discutimos la importancia de utilizar herramientas de análisis para rastrear indicadores clave de rendimiento (KPI), como el tráfico del sitio web, métricas de participación, tasas de conversión y compartidos en redes sociales. Al analizar los datos, las empresas pueden tomar decisiones basadas en datos, optimizar las estrategias de distribución de contenido y asignar recursos a los canales que brindan los mejores resultados.

Al implementar estrategias efectivas de distribución de contenido, las empresas pueden asegurarse de que su contenido llegue al público objetivo, genere visibilidad y estimule la participación y las conversiones. Al aprovechar el marketing en redes sociales, el marketing por correo electrónico, las colaboraciones con influencers, la publicación de invitados, la sindicación de contenido, el SEO, la publicidad pagada y el monitoreo de análisis, se puede crear un plan integral de distribución de contenido. Al seleccionar los canales y tácticas adecuados según las preferencias y comportamientos de la audiencia, las empresas pueden maximizar el impacto de su contenido y lograr sus objetivos de marketing de contenido.

Capítulo 6

Marketing en Redes Sociales

En este capítulo, profundizamos en el poder del marketing en redes sociales como componente vital de las estrategias de marketing digital. Las plataformas de redes sociales han revolucionado la comunicación y transformado la forma en que las empresas se conectan con su audiencia. Al aprovechar las redes sociales de manera efectiva, las empresas pueden mejorar la visibilidad de su marca, interactuar con los clientes, aumentar el tráfico del sitio web y fomentar relaciones significativas.

Comprendiendo el Papel del Marketing en Redes Sociales

Comenzamos discutiendo la importancia del marketing en redes sociales en el panorama digital actual. Las plataformas de redes sociales ofrecen a las empresas una línea directa de comunicación con su audiencia objetivo, lo que les permite construir conciencia de marca, compartir contenido valioso y participar en conversaciones significativas. Exploramos los beneficios del marketing en redes sociales, como aumentar la visibilidad de la marca, expandir el alcance y humanizar la marca mediante la creación de conexiones auténticas con los clientes.

Seleccionar las Plataformas de Redes Sociales Correctas

No todas las plataformas de redes sociales son iguales, y es crucial para las empresas identificar las plataformas que se alinean con las preferencias y comportamientos de su audiencia objetivo. Discutimos plataformas populares como Facebook, Instagram,

Twitter, LinkedIn, YouTube y Pinterest, resaltando sus características únicas y la demografía de su audiencia. Al seleccionar las plataformas adecuadas, las empresas pueden enfocar sus esfuerzos en canales que tienen el mayor potencial para alcanzar y comprometer eficazmente a su audiencia objetivo.

Crear Contenido Atractivo para Redes Sociales

Crear contenido atractivo es fundamental para captar la atención e interés de los usuarios de redes sociales. Exploramos varios tipos de contenido, que incluyen imágenes, videos, infografías, transmisiones en vivo y contenido interactivo. Las empresas deben enfocarse en brindar contenido valioso, entretenido y visualmente atractivo que resuene con su audiencia objetivo. Al adaptar el contenido a las preferencias e intereses de los usuarios de redes sociales, las empresas pueden fomentar la participación, fomentar el intercambio social y ampliar su alcance.

Crear y Fomentar una Comunidad en Redes Sociales

Las redes sociales ofrecen la oportunidad de construir una comunidad de seguidores leales y defensores de la marca. Discutimos estrategias para fomentar la participación, como responder a comentarios y mensajes, hacer preguntas, realizar concursos o sorteos, y fomentar el contenido generado por los usuarios. Al interactuar activamente con los seguidores, las empresas pueden construir relaciones sólidas, obtener comentarios valiosos y crear un sentido de pertenencia y lealtad dentro de la comunidad en redes sociales.

Utilizar la Publicidad en Redes Sociales

La publicidad en redes sociales ofrece opciones de segmentación poderosas para llegar a segmentos de audiencia específicos. Exploramos los beneficios de las plataformas de publicidad en redes sociales, como Facebook Ads, Instagram Ads, Twitter Ads y LinkedIn Ads. Las empresas pueden aprovechar la publicidad pagada para ampliar su alcance, aumentar el tráfico del sitio web, promocionar productos o servicios específicos y generar clientes potenciales. Al desarrollar campañas publicitarias estratégicas, las empresas pueden maximizar el impacto de sus esfuerzos de marketing en redes sociales.

Monitoreo y Medición del Desempeño en Redes Sociales

El monitoreo y la medición del desempeño en redes sociales son fundamentales para optimizar las estrategias y lograr los resultados deseados. Discutimos la importancia de rastrear métricas clave como alcance, participación, crecimiento de seguidores, tasas de clics y conversiones. Al utilizar herramientas de análisis de redes sociales y analizar datos, las empresas pueden obtener información sobre la efectividad de sus esfuerzos en redes sociales, identificar tendencias y tomar decisiones basadas en datos para mejorar el rendimiento.

Mantenerse al Día con las Tendencias en Redes Sociales

Las redes sociales son un entorno dinámico y en constante cambio. Enfatizamos la importancia de mantenerse informado sobre las últimas tendencias en redes sociales, características y actualizaciones de algoritmos. Al adaptarse a las tendencias emergentes y aprovechar las nuevas características, las empresas pueden mantenerse a la vanguardia, captar la atención del público y mantener una ventaja competitiva en sus estrategias de marketing en redes sociales.

Al aprovechar el poder del marketing en redes sociales, las empresas pueden fortalecer su presencia de marca, interactuar con su audiencia a nivel personal y generar interacciones significativas. Seleccionar las plataformas adecuadas, crear contenido atractivo, construir una comunidad en redes sociales, utilizar oportunidades de publicidad, monitorear el rendimiento y mantenerse actualizado con las tendencias, todos contribuyen a una estrategia integral de marketing en redes sociales. Al aprovechar las redes sociales de manera efectiva, las empresas pueden lograr sus objetivos de marketing y prosperar en el panorama digital.

Desarrollo de una Estrategia de Redes Sociales

En este capítulo, exploramos el proceso de desarrollar una estrategia efectiva de redes sociales que se alinee con los objetivos comerciales y maximice el impacto de los esfuerzos de marketing en redes sociales. Una estrategia de redes sociales bien diseñada proporciona una guía para que las empresas aprovechen las plataformas de redes sociales y logren sus objetivos, interactúen con su audiencia y generen resultados significativos.

Definir Metas y Objetivos

Comenzamos enfatizando la importancia de definir metas y objetivos claros y específicos para la estrategia de redes sociales. Ya sea aumentar el reconocimiento de la marca, impulsar el tráfico del sitio web, generar leads o mejorar el compromiso del cliente, las empresas deben identificar lo que buscan lograr a través de sus esfuerzos en redes sociales. Las metas claras proporcionan dirección y sirven como punto de referencia para medir el éxito.

Comprender la Audiencia Objetivo

Una comprensión profunda de la audiencia objetivo es crucial para desarrollar una estrategia de redes sociales efectiva. Discutimos la importancia de realizar investigaciones de audiencia, analizar datos demográficos, intereses, comportamientos y puntos problemáticos. Al obtener información sobre las preferencias de su audiencia, las empresas pueden adaptar su contenido, mensajes y estrategias de interacción para resonar de manera efectiva con su audiencia objetivo.

Seleccionar las Plataformas de Redes Sociales Correctas

Profundizamos en el proceso de seleccionar las plataformas de redes sociales correctas en función de las preferencias y comportamientos de la audiencia objetivo. Cada plataforma tiene características únicas, demografía de usuarios y patrones de interacción propios. Las empresas deben evaluar plataformas como Facebook, Instagram, Twitter, LinkedIn, YouTube y Pinterest, y elegir aquellas que se alineen con su audiencia objetivo y respalden sus objetivos.

Crear una Estrategia de Contenido

Una estrategia de contenido bien definida es clave para interactuar con la audiencia objetivo y lograr el éxito en las redes sociales. Discutimos la importancia de crear contenido valioso, relevante y compartible que se ajuste a los intereses y necesidades de la audiencia objetivo. Las empresas deben determinar temas de contenido, formatos y frecuencia de publicación, al tiempo que consideran cómo aprovechar el contenido generado por los usuarios y las técnicas de narración de historias para mejorar la interacción.

By implementing these strategies, businesses can develop a strong and effective social media presence, connect with their target audience, and achieve their social media marketing goals.

Desarrollo de una Voz y Tono de Marca

La consistencia en la voz y tono de marca es esencial para construir una identidad de marca sólida en las redes sociales. Exploramos el proceso de definir una voz de marca que refleje la personalidad, valores y posicionamiento del negocio. Al establecer pautas para la comunicación en redes sociales, las empresas pueden mantener un tono consistente que resuene con su audiencia objetivo y fortalezca el reconocimiento de la marca.

Generación de Compromiso y Comunidad

El compromiso es un aspecto vital de la estrategia en redes sociales. Discutimos técnicas para fomentar interacciones significativas con la audiencia, como responder a comentarios, mensajes y menciones, hacer preguntas, realizar concursos o encuestas, y fomentar el contenido generado por los usuarios. Al interactuar activamente con la audiencia, las empresas pueden construir una comunidad leal, fomentar la defensa de la marca y fomentar el marketing de boca en boca.

Aprovechamiento de la Publicidad en Redes Sociales

Exploramos el papel de la publicidad en redes sociales para amplificar los esfuerzos en redes sociales. Las empresas deben considerar opciones de publicidad paga en plataformas como Facebook Ads, Instagram Ads, Twitter Ads o LinkedIn Ads para llegar a una audiencia más amplia, promover contenido u ofertas específicas y dirigir tráfico objetivo a su sitio web. Al establecer objetivos claros, definir audiencias objetivo y optimizar las campañas publicitarias, las empresas pueden maximizar el impacto de su publicidad en redes sociales.

Monitorización, Medición e Iteración

La monitorización y medición del rendimiento en redes sociales son esenciales para evaluar la efectividad de la estrategia. Discutimos la importancia de rastrear métricas clave como alcance, compromiso, crecimiento de seguidores, tasas de clics y conversiones. Al utilizar herramientas de análisis en redes sociales y analizar datos, las empresas pueden obtener información sobre lo que funciona y realizar optimizaciones basadas en datos para mejorar continuamente el rendimiento.

Mantenerse Actualizado y Evolucionar

Las redes sociales son dinámicas y es crucial que las empresas se mantengan actualizadas con las últimas tendencias, características y cambios en los algoritmos. Enfatizamos la importancia del aprendizaje continuo, la adaptación de las estrategias en función del comportamiento de la audiencia y las actualizaciones de las plataformas, y la adopción de nuevas oportunidades. Al mantenerse informadas y evolucionar con el panorama de las redes sociales, las empresas pueden mantenerse competitivas y maximizar su potencial de marketing en redes sociales.

Al desarrollar una estrategia de redes sociales bien diseñada, las empresas pueden aprovechar eficazmente el poder de las plataformas de redes sociales para lograr sus objetivos, interactuar con su audiencia objetivo y obtener resultados significativos. Definir objetivos, comprender la audiencia objetivo, seleccionar las plataformas adecuadas, crear una estrategia de contenido, desarrollar una voz de marca, fomentar el compromiso, aprovechar la publicidad en redes sociales, monitorizar el rendimiento y mantenerse actualizado contribuyen a una estrategia de redes sociales integral que ofrece resultados comerciales tangibles.

Escuchar y responder a los comentarios

Escuchar a la audiencia y responder rápidamente a sus comentarios es fundamental para generar compromiso y lealtad. Discutimos la importancia de monitorear activamente los comentarios, mensajes y menciones en las redes sociales y abordar preguntas, inquietudes o elogios. Al mostrar atención y brindar un excelente servicio al cliente, las empresas pueden demostrar que valoran las opiniones de sus seguidores y priorizan su satisfacción.

Hacer preguntas y fomentar conversaciones

Interactuar con los seguidores implica iniciar conversaciones y fomentar la participación activa. Exploramos técnicas como hacer preguntas abiertas, realizar encuestas o sondeos y solicitar opiniones sobre temas relevantes. Al invitar a los seguidores a compartir sus pensamientos, experiencias e ideas, las empresas pueden crear un sentido de comunidad y hacer que los seguidores se sientan valorados. Las conversaciones significativas fortalecen el vínculo entre la marca y sus seguidores y brindan información valiosa para mejorar el negocio.

Compartir contenido generado por los usuarios

El contenido generado por los usuarios (UGC) es una herramienta poderosa para generar lealtad a la marca. Discutimos los beneficios de compartir y mostrar UGC, como testimonios de clientes, reseñas, fotos o videos. Al presentar UGC en plataformas de redes sociales, las empresas pueden demostrar que aprecian y valoran a sus clientes, alentando a otros a participar y contribuir con su propio contenido. El UGC fomenta un sentido de pertenencia y fortalece el vínculo entre la marca y su comunidad.

Realizar concursos y regalos

Los concursos y regalos son estrategias efectivas para interactuar con los seguidores y generar entusiasmo. Exploramos los beneficios de realizar concursos o regalos en las redes sociales, donde los participantes tienen la oportunidad de ganar premios al interactuar con el contenido de la marca, compartir publicaciones o enviar contenido generado por los usuarios. Estas actividades generan entusiasmo, fomentan la participación y aumentan la visibilidad de la marca. Al recompensar a los seguidores y crear una sensación de anticipación, las empresas pueden generar compromiso y lealtad.

Al interactuar activamente con los seguidores y generar lealtad a la marca en las redes sociales, las empresas pueden crear una comunidad sólida de defensores de la marca que no solo interactúan con la marca, sino que también la promocionan a otros. Escuchar y responder a los comentarios, hacer preguntas, fomentar conversaciones, compartir contenido generado por los usuarios y realizar concursos o regalos son estrategias efectivas para fomentar el compromiso y construir una base de seguidores leales. Al nutrir las relaciones y brindar valor a los seguidores, las empresas pueden fortalecer la presencia de su marca y lograr el éxito a largo plazo en el marketing en redes sociales.

Proporcionar contenido valioso y compartible

Entregar contenido valioso y compartible es fundamental para interactuar con los seguidores y construir lealtad a la marca. Discutimos la importancia de crear contenido que eduque, entretenga o resuelva problemas para la audiencia objetivo. Al ofrecer consistentemente contenido que agrega valor a la vida de los seguidores, las empresas pueden posicionarse como una fuente

confiable y alentar el intercambio social. El contenido valioso y
compartible no solo aumenta el alcance de la marca, sino que
también fomenta un sentido de lealtad a medida que los seguidores
identifican a la marca como una fuente confiable y útil.

Personalizar las interacciones

La personalización es clave para construir relaciones sólidas y
lealtad en las redes sociales. Exploramos técnicas como dirigirse a
los seguidores por su nombre, reconocer hitos o ocasiones especiales
y adaptar el contenido a segmentos de audiencia específicos. Al
personalizar las interacciones, las empresas demuestran que ven a
los seguidores como individuos y se preocupan por sus necesidades
únicas. La personalización crea un sentido de conexión y mejora la
experiencia general del usuario en las redes sociales.

Recompensar la lealtad

Reconocer y recompensar a los seguidores leales es
fundamental para construir lealtad a la marca. Discutimos
estrategias como ofertas exclusivas, descuentos o acceso anticipado a
nuevos productos o contenido para seguidores leales. Al mostrar
aprecio por su apoyo, las empresas pueden fomentar un sentido de
exclusividad y hacer que los seguidores se sientan valorados y
especiales. Las recompensas por lealtad refuerzan las asociaciones
positivas con la marca y fomentan la participación continua y la
defensa.

Al interactuar con los seguidores en las redes sociales y
construir lealtad a la marca, las empresas pueden crear una
comunidad apasionada de defensores de la marca que no solo
respaldan la marca, sino que también la promocionan activamente a
otros. Al escuchar y responder a los comentarios, fomentar
conversaciones, compartir contenido generado por los usuarios,

realizar concursos, proporcionar contenido valioso, personalizar las interacciones y recompensar la lealtad, las empresas pueden cultivar un seguimiento leal que constituye la base para el éxito a largo plazo en las redes sociales.

Aprovechando la Publicidad en las Redes Sociales

En este capítulo, exploramos el poder de la publicidad en las redes sociales como una herramienta estratégica para mejorar los esfuerzos de marketing en las redes sociales y alcanzar objetivos comerciales específicos. La publicidad en las redes sociales ofrece a las empresas la capacidad de llegar a audiencias altamente segmentadas, aumentar la visibilidad de la marca, dirigir tráfico al sitio web y generar leads. Al aprovechar la publicidad en las redes sociales de manera efectiva, las empresas pueden maximizar su retorno de inversión y lograr sus objetivos de marketing.

Entendiendo las Plataformas de Publicidad en las Redes Sociales

Comenzamos discutiendo las diferentes plataformas de publicidad en las redes sociales disponibles, como Facebook Ads, Instagram Ads, Twitter Ads, LinkedIn Ads y Pinterest Ads. Exploramos las características únicas, las opciones de segmentación y los formatos de anuncios que ofrece cada plataforma. Comprender las capacidades de las diferentes plataformas permite a las empresas elegir las más adecuadas según su audiencia objetivo y los objetivos de la campaña.

Definir Objetivos de Publicidad

La clarificación de los objetivos de publicidad es esencial para una campaña de publicidad en las redes sociales exitosa. Discutimos objetivos comunes como aumentar el conocimiento de la marca, dirigir tráfico al sitio web, generar leads, promocionar productos o servicios o aumentar las conversiones. Al definir claramente los objetivos, las empresas pueden alinear sus campañas publicitarias con metas específicas y rastrear el éxito de sus esfuerzos publicitarios.

Identificar Audiencias Objetivo

La publicidad efectiva en las redes sociales se basa en una segmentación precisa. Exploramos la importancia de identificar y comprender a las audiencias objetivo, incluyendo factores demográficos, intereses, comportamientos y preferencias. Las plataformas de redes sociales ofrecen amplias opciones de segmentación, como edad, ubicación, intereses, títulos laborales y más. Al definir una audiencia objetivo y aprovechar las características detalladas de segmentación, las empresas pueden asegurarse de que sus anuncios lleguen a los usuarios más relevantes que probablemente estén interesados en sus ofertas.

Crear Creatividades de Anuncios Atractivos

Las creatividades de anuncios atractivos desempeñan un papel crucial en captar la atención del público y fomentar la participación. Discutimos técnicas para crear visuales llamativos, copias de anuncios convincentes y llamadas a la acción claras. Los anuncios deben ser visualmente atractivos, estar alineados con la estética de la marca y comunicar de manera efectiva la propuesta de valor. Al invertir en visuales de alta calidad y copias persuasivas, las empresas pueden aumentar la efectividad de sus anuncios en las redes sociales.

Estableciendo Presupuestos y Estrategias de Puja

La presupuestación y las estrategias de puja son fundamentales para administrar las campañas de publicidad en las redes sociales de manera efectiva. Exploramos opciones como presupuestos diarios o de por vida y diferentes métodos de puja, como el costo por clic (CPC) o el costo por impresión (CPM). Al establecer presupuestos realistas y seleccionar estrategias de puja adecuadas, las empresas pueden optimizar el gasto en publicidad, controlar los costos y maximizar el alcance e impacto de sus anuncios.

Monitorear y Optimizar el Desempeño de la Campaña

El monitoreo y la optimización del desempeño de la campaña son fundamentales para maximizar la efectividad de la publicidad en las redes sociales. Discutimos la importancia de realizar un seguimiento regular de los indicadores clave de desempeño (KPI), como la tasa de clics, la tasa de conversión, el costo por adquisición y el retorno de la inversión en publicidad. Al analizar los datos de la campaña y realizar optimizaciones basadas en datos, las empresas pueden refinar su segmentación, ajustar las creatividades de los anuncios y asignar presupuestos a las campañas que ofrecen los mejores resultados.

Pruebas A/B y Experimentación

Las pruebas A/B y la experimentación son estrategias valiosas para optimizar las campañas de publicidad en las redes sociales. Exploramos los beneficios de probar diferentes variaciones de anuncios, como visuales, titulares o llamadas a la acción, para identificar las combinaciones más efectivas. Al realizar experimentos y analizar los resultados, las empresas pueden ajustar sus anuncios, mejorar el desempeño de la campaña y obtener información sobre las preferencias y comportamientos de la audiencia.

Retargeting y Remarketing

El retargeting y el remarketing permiten a las empresas volver a captar la atención de los usuarios que han interactuado previamente con su marca. Discutimos la importancia de utilizar píxeles de retargeting y segmentación de audiencia personalizada para ofrecer anuncios personalizados a usuarios que han visitado el sitio web o mostrado interés en productos o servicios específicos. Al mantenerse en la mente de los usuarios y ofrecer mensajes personalizados, las empresas pueden aumentar las conversiones y fomentar nuevas interacciones.

Al aprovechar de manera efectiva la publicidad en las redes sociales, las empresas pueden llegar a su audiencia objetivo con precisión, aumentar la visibilidad de la marca y generar acciones deseadas. Comprender las plataformas de publicidad, definir objetivos, identificar audiencias objetivo, crear creatividades de anuncios atractivos, establecer presupuestos y estrategias de puja, monitorear y optimizar el desempeño de la campaña, realizar pruebas A/B y utilizar técnicas de retargeting y remarketing, todos contribuyen a una estrategia exitosa de publicidad en las redes sociales.

Capítulo 7
Marketing en Motores de Búsqueda (SEM) y Pago por Clic (PPC)

En este capítulo, nos adentramos en el mundo del Marketing en Motores de Búsqueda (SEM) y la publicidad de Pago por Clic (PPC) como herramientas poderosas para generar tráfico dirigido, aumentar la visibilidad de la marca y lograr resultados medibles. Las estrategias de SEM y PPC permiten a las empresas mostrar anuncios en las páginas de resultados de los motores de búsqueda, lo que les permite llegar a clientes potenciales que están buscando activamente productos o servicios relevantes.

Comprendiendo el Marketing en Motores de Búsqueda (SEM)

Comenzamos discutiendo el concepto de Marketing en Motores de Búsqueda (SEM) y su importancia en las estrategias de marketing digital. El SEM implica la promoción de sitios web a través de esfuerzos publicitarios pagados para aumentar la visibilidad en las páginas de resultados de los motores de búsqueda (SERP). Exploramos cómo los motores de búsqueda, como Google, Bing o Yahoo, sirven como plataformas para que las empresas muestren sus anuncios a usuarios que buscan activamente información o soluciones. Al aprovechar el SEM, las empresas pueden asegurarse de que sus ofertas se muestren de manera destacada a clientes potenciales, maximizando sus posibilidades de interacción y conversiones.

Elementos Clave de la Publicidad de Pago por Clic (PPC)

La publicidad de Pago por Clic (PPC) es un componente fundamental del SEM. Discutimos los elementos clave de la publicidad de PPC, incluido el modelo de subasta, las estrategias de oferta y la determinación del ranking de anuncios. Con PPC, las empresas solo pagan cuando se hace clic en sus anuncios, lo que lo convierte en una forma rentable de generar tráfico dirigido. Exploramos cómo el ranking de anuncios, determinado por factores como la cantidad de la oferta, la relevancia del anuncio y la experiencia de la página de destino, afecta la visibilidad y el éxito de los anuncios de PPC.

Investigación y Selección de Palabras Clave

La investigación y selección efectiva de palabras clave son fundamentales en las campañas de SEM y PPC. Enfatizamos la importancia de identificar palabras clave relevantes que se alineen con las ofertas de la empresa y la intención de búsqueda del público objetivo. Discutimos el uso de herramientas de investigación de palabras clave, análisis de competidores y conocimientos del cliente para descubrir palabras clave valiosas. Al dirigirse a las palabras clave correctas, las empresas pueden optimizar sus anuncios para una mayor relevancia, aumentar las tasas de clics y atraer clientes potenciales calificados.

Creación de Textos de Anuncio Atractivos

Crear textos de anuncio atractivos es fundamental para captar la atención del usuario y aumentar las tasas de clics. Exploramos técnicas para escribir textos de anuncios concisos, persuasivos y atractivos que comuniquen las propuestas únicas de venta del negocio. Las empresas deben centrarse en ofrecer una propuesta de

valor clara, resaltar los beneficios e incluir llamadas a la acción
convincentes. Al crear textos de anuncio atractivos, las empresas
pueden diferenciarse de la competencia y atraer a los usuarios a
hacer clic en sus anuncios.

Optimización de Páginas de Destino

Una página de destino efectiva es crucial para convertir los clics
en anuncios en acciones deseadas, como compras, registros o
consultas. Discutimos los elementos de una página de destino bien
optimizada, que incluyen titulares persuasivos, contenido
convincente, llamadas a la acción claras y un diseño amigable para
el usuario. Las empresas deben asegurarse de que las páginas de
destino se alineen con el mensaje del anuncio, proporcionen
información relevante y ofrezcan una experiencia de usuario fluida.
Al optimizar las páginas de destino, las empresas pueden aumentar
las tasas de conversión y maximizar el retorno de inversión de sus
campañas de PPC.

Monitoreo, Pruebas y Optimización

El monitoreo continuo, las pruebas y la optimización son
esenciales para el éxito de las campañas de SEM y PPC. Discutimos
la importancia de rastrear métricas clave de rendimiento, como las
tasas de clics (CTR), las tasas de conversión, el costo por adquisición
(CPA) y el retorno de inversión en publicidad (ROAS). Al analizar
los datos de la campaña, las empresas pueden identificar áreas de
mejora, realizar pruebas A/B para optimizar anuncios y páginas de
destino, y refinar sus estrategias de segmentación y oferta. La
optimización continua asegura que las campañas de SEM y PPC
brinden los mejores resultados posibles y maximicen el retorno de
inversión en marketing en general.

Remarketing y Publicidad en Display

Exploramos los beneficios adicionales del remarketing y la publicidad en display en las estrategias de SEM. El remarketing permite a las empresas dirigirse a usuarios que han visitado previamente su sitio web, ofreciéndoles anuncios personalizados para volver a captar su atención. La publicidad en display implica colocar anuncios visualmente atractivos en sitios web relevantes dentro de la Red de Display de Google u otras redes publicitarias. Al aprovechar el remarketing y la publicidad en display, las empresas pueden reforzar la presencia de su marca, aumentar las conversiones y llegar a una audiencia más amplia más allá de las páginas de resultados de los motores de búsqueda.

Al adoptar estrategias de Marketing en Motores de Búsqueda (SEM) y Pago por Clic (PPC), las empresas pueden obtener una ventaja competitiva en el panorama digital. Al realizar una investigación exhaustiva de palabras clave, crear textos de anuncios convincentes, optimizar las páginas de destino, monitorear el rendimiento de la campaña y aprovechar el remarketing y la publicidad en display, las empresas pueden generar tráfico dirigido, aumentar la visibilidad de su marca y lograr resultados medibles a través de la publicidad de SEM y PPC.

Entendiendo el Marketing en Motores de Búsqueda (SEM) y sus Beneficios

En este capítulo, exploramos el concepto del Marketing en Motores de Búsqueda (SEM) y los numerosos beneficios que ofrece a las empresas. SEM implica promocionar sitios web y aumentar su visibilidad en las páginas de resultados de los motores de búsqueda a través de esfuerzos de publicidad pagada. Al aprovechar las estrategias de SEM, las empresas pueden aprovechar la enorme base de usuarios de los motores de búsqueda y conectarse con clientes potenciales que están buscando activamente productos o servicios.

Aumento de la Visibilidad en Línea

Uno de los principales beneficios de SEM es la capacidad de mejorar la visibilidad en línea. Los motores de búsqueda como Google, Bing o Yahoo sirven como plataformas donde las empresas pueden mostrar sus anuncios de manera destacada dentro de los resultados de búsqueda. Esta mayor visibilidad asegura que las empresas tengan más probabilidades de ser notadas por usuarios que buscan información o soluciones relevantes. Al ocupar posiciones destacadas en las páginas de resultados de los motores de búsqueda, las empresas pueden captar la atención de su público objetivo y destacarse de la competencia.

Alcance Dirigido

SEM permite a las empresas llegar a una audiencia altamente dirigida. A través de la investigación y selección de palabras clave, las empresas pueden identificar las palabras clave y términos de búsqueda específicos que son relevantes para sus ofertas y se alinean con la intención de búsqueda de su público objetivo. Al mostrar anuncios cuando los usuarios buscan esas palabras clave específicas, las empresas pueden asegurarse de que su mensaje llegue a la audiencia más relevante, aumentando la probabilidad de participación y conversiones.

Publicidad Rentable

SEM, especialmente la publicidad de Pago por Clic (PPC), ofrece un modelo de publicidad rentable. Con PPC, las empresas solo pagan cuando se hace clic en sus anuncios, lo que lo convierte en una forma altamente eficiente de generar tráfico dirigido a sus sitios web. Esta estructura de costos permite a las empresas asignar

sus presupuestos de manera más efectiva y optimizar el gasto en
publicidad al centrarse en palabras clave y opciones de
segmentación que generan los mejores resultados. La capacidad de
medir y rastrear el rendimiento de la campaña también proporciona
información valiosa para optimizar los esfuerzos de publicidad
futuros.

Resultados Medibles

Una de las principales ventajas de SEM es su medibilidad. Las
empresas pueden rastrear y medir diversos indicadores de
rendimiento, como las tasas de clics (CTR), las tasas de conversión,
el costo por adquisición (CPA) y el retorno de la inversión en
publicidad (ROAS). Estas métricas brindan información valiosa
sobre la efectividad de las campañas de SEM y permiten a las
empresas tomar decisiones basadas en datos para optimizar sus
estrategias. Al monitorear y analizar continuamente el rendimiento
de la campaña, las empresas pueden refinar su segmentación,
ajustar el texto de sus anuncios y asignar sus presupuestos de
manera más efectiva.

Implementación Rápida y Flexible

SEM ofrece la ventaja de una implementación rápida y flexible.
A diferencia de los canales de publicidad tradicionales, que pueden
requerir plazos y planificación extensos, las empresas pueden lanzar
campañas de SEM relativamente rápido. Esta agilidad permite a las
empresas responder rápidamente a las tendencias del mercado,
promociones o demandas estacionales. Además, las plataformas de
SEM proporcionan flexibilidad en términos de asignación de
presupuestos, opciones de segmentación y variaciones de anuncios,
lo que permite a las empresas adaptar sus estrategias según sea
necesario para maximizar los resultados.

Mayor Exposición de Marca y Credibilidad Mejorada

Al aparecer de manera consistente en los resultados de búsqueda de los motores de búsqueda a través del SEM, las empresas pueden mejorar su exposición de marca y establecer credibilidad. Los usuarios suelen percibir a las empresas que aparecen de manera constante en los principales resultados de búsqueda como más confiables y respetables. La exposición repetida a través del SEM ayuda a las empresas a reforzar su presencia de marca y posicionarse como líderes de la industria o proveedores confiables en sus respectivos campos.

En resumen, el Marketing en Motores de Búsqueda (SEM) ofrece a las empresas una amplia gama de beneficios, que incluyen una mayor visibilidad en línea, alcance dirigido, publicidad rentable, resultados medibles, implementación rápida y mayor exposición de marca y credibilidad mejorada. Al aprovechar las estrategias de SEM de manera efectiva, las empresas pueden conectarse con su público objetivo en el momento adecuado, generar tráfico calificado hacia sus sitios web y alcanzar sus objetivos de marketing en el competitivo panorama en línea.

Creating Effective PPC Campaigns

En este capítulo, profundizamos en el proceso de crear campañas de Pay-Per-Click (PPC) efectivas dentro del ámbito del Marketing en Motores de Búsqueda (SEM). La publicidad PPC permite a las empresas mostrar anuncios dirigidos en las páginas de resultados de los motores de búsqueda (SERPs), y dominar el arte de crear campañas de PPC impactantes es fundamental para maximizar el rendimiento de los anuncios y lograr los resultados deseados.

Definir los Objetivos de la Campaña

El primer paso para crear una campaña de PPC exitosa es definir objetivos claros y específicos. Ya sea el objetivo aumentar el tráfico del sitio web, incrementar las conversiones, impulsar el conocimiento de la marca o generar clientes potenciales, articular claramente el propósito de la campaña proporciona una base para la toma de decisiones estratégicas y la optimización de la campaña.

Realizar una Investigación Exhaustiva de Palabras Clave

La investigación de palabras clave forma la base de las campañas de PPC. Implica identificar y seleccionar palabras clave relevantes que se alineen con la intención de búsqueda del público objetivo y las ofertas de la empresa. Las empresas deben aprovechar herramientas de investigación de palabras clave, análisis de competidores, información de los clientes y tendencias de la industria para descubrir palabras clave valiosas. Al apuntar a las palabras clave adecuadas, las empresas pueden asegurarse de que sus anuncios aparezcan frente a usuarios que están buscando activamente productos o servicios relevantes.

Crear Copias de Anuncios Atractivas

Las copias de anuncios atractivas son cruciales para captar la atención de los usuarios y aumentar las tasas de clics (CTR). Las copias de anuncios deben ser concisas, persuasivas y comunicar claramente las propuestas de venta únicas de la empresa. Las empresas deben enfocarse en crear titulares llamativos, resaltar los beneficios clave e incorporar llamadas a la acción (CTA) sólidas. Al crear copias de anuncios atractivas que resuenen con el público objetivo, las empresas pueden diferenciarse de la competencia y atraer a los usuarios para que hagan clic en sus anuncios.

Diseñar Páginas de Destino para la Conversión

La página de destino juega un papel vital en convertir los clics en acciones deseadas, como compras, registros o consultas. Las empresas deben diseñar páginas de destino que se alineen con el mensaje del anuncio, proporcionen información relevante y valiosa, y cuenten con CTAs claras y convincentes. Las páginas de destino deben tener un diseño amigable para el usuario, tiempos de carga rápidos y ser compatibles con dispositivos móviles. Al optimizar las páginas de destino para la conversión, las empresas pueden mejorar la experiencia del usuario y aumentar la probabilidad de lograr los resultados deseados.

Establecer Presupuestos y Estrategias de Puja

Establecer presupuestos y estrategias de puja adecuados es esencial para gestionar las campañas de PPC de manera efectiva. Las empresas deben determinar la cantidad máxima que están dispuestas a gastar en anuncios y asignar presupuestos en consecuencia. Además, seleccionar la estrategia de puja adecuada, como puja manual o puja automatizada, ayuda a optimizar la ubicación de los anuncios y maximizar el retorno de la inversión (ROI). El monitoreo regular y el ajuste de los presupuestos y pujas en función de los datos de rendimiento contribuyen al éxito de la campaña.

Implementación de Extensiones de Anuncios

Las extensiones de anuncios son características adicionales que mejoran la visibilidad y el rendimiento de los anuncios de PPC. Brindan a los usuarios más información, opciones y oportunidades para interactuar con el anuncio. Las empresas deben aprovechar las extensiones de anuncios, como enlaces de sitio, extensiones de llamada, extensiones de ubicación y extensiones de reseñas, para mejorar la relevancia del anuncio, aumentar las tasas de clics y proporcionar información valiosa a los usuarios.

Seguimiento y Análisis del Rendimiento de la Campaña

El seguimiento y análisis del rendimiento de la campaña es crucial para optimizar las campañas de PPC. Las empresas deben utilizar herramientas de seguimiento y plataformas de análisis para monitorear métricas clave de rendimiento, como CTR, tasas de conversión, costo por conversión y ROI. Al analizar los datos, las empresas pueden identificar áreas con bajo rendimiento, realizar optimizaciones basadas en datos y refinar su segmentación, estrategias de puja, copias de anuncios y diseño de páginas de destino para obtener mejores resultados de la campaña.

Pruebas A/B y Experimentación

Las pruebas A/B y la experimentación permiten a las empresas optimizar aún más sus campañas de PPC. Al probar diferentes variaciones de copias de anuncios, titulares, páginas de destino o llamadas a la acción, las empresas pueden identificar las combinaciones más efectivas y perfeccionar sus estrategias en función de las respuestas de los usuarios. Las pruebas y experimentos continuos ayudan a las empresas a descubrir ideas, mejorar el rendimiento de los anuncios y optimizar los resultados de la campaña a lo largo del tiempo.

Siguiendo estos pasos e implementando las mejores prácticas, las empresas pueden crear campañas de PPC efectivas dentro de sus estrategias de SEM. Definir los objetivos de la campaña, realizar una investigación exhaustiva de palabras clave, crear copias de anuncios convincentes, diseñar páginas de destino centradas en la conversión, establecer presupuestos y estrategias de puja, implementar extensiones de anuncios, realizar un seguimiento y análisis del rendimiento de la campaña y aprovechar las pruebas A/B y la experimentación, todos contribuyen al éxito de las campañas de PPC y logran los resultados deseados.

Optimización del rendimiento de anuncios y medición del ROI

En este capítulo, exploramos los pasos cruciales para optimizar el rendimiento de los anuncios y medir el retorno de la inversión (ROI) en las campañas de Pay-Per-Click (PPC). La optimización del rendimiento de los anuncios asegura que las empresas obtengan los mejores resultados posibles de sus esfuerzos publicitarios, mientras que la medición del ROI proporciona información valiosa sobre la efectividad y rentabilidad de las campañas de PPC.

Seguimiento de métricas clave de rendimiento

La base de la optimización del rendimiento de los anuncios es el seguimiento y análisis de métricas clave de rendimiento. Las empresas deben monitorear métricas como las tasas de clics (CTR), las tasas de conversión, el costo por conversión, la posición promedio, la puntuación de calidad y el retorno de la inversión publicitaria (ROAS). Al comprender cómo funcionan los anuncios en diferentes métricas, las empresas pueden identificar áreas de mejora y tomar decisiones basadas en datos para optimizar sus campañas.

Refinamiento de estrategias de segmentación y puja

Las estrategias de segmentación y puja efectivas son fundamentales para optimizar el rendimiento de los anuncios. Las empresas deben analizar los datos para identificar segmentos de audiencia de alto rendimiento y ajustar los parámetros de segmentación en consecuencia. El refinamiento de la segmentación permite a las empresas centrar su inversión publicitaria en la audiencia más relevante y valiosa, aumentando la probabilidad de participación y conversiones. De manera similar, la optimización de las estrategias de puja en función de los datos de rendimiento ayuda a las empresas a lograr un equilibrio entre maximizar la exposición de los anuncios y gestionar los costos.

Realización de pruebas A/B y experimentación

Las pruebas A/B y la experimentación desempeñan un papel crucial en la optimización del rendimiento de los anuncios. Al probar diferentes variaciones de elementos de anuncios como titulares, copias de anuncios, llamadas a la acción (CTA) o diseños de páginas de destino, las empresas pueden identificar las combinaciones más efectivas que resuenan con su audiencia objetivo. Las pruebas y experimentos continuos permiten a las empresas refinar sus elementos de anuncios, mejorar las tasas de clics y aumentar las tasas de conversión con el tiempo.

Optimización de copias de anuncios y páginas de destino

La optimización de las copias de anuncios y las páginas de destino es esencial para aumentar la participación y las conversiones. Las empresas deben evaluar y refinar continuamente sus copias de anuncios para asegurarse de que sean convincentes, relevantes y estén alineadas con las necesidades y preferencias de su audiencia objetivo. De manera similar, la optimización de las páginas de destino implica mejorar su diseño, diseño y experiencia del usuario para mejorar las tasas de conversión. Al alinear las copias de anuncios y las páginas de destino con las expectativas de la audiencia y optimizarlas continuamente, las empresas pueden mejorar el rendimiento de los anuncios y lograr un mayor ROI.

Optimización de la posición del anuncio y el ranking del anuncio

La posición del anuncio y el ranking del anuncio impactan significativamente en el rendimiento del anuncio. Las empresas deben esforzarse por obtener posiciones óptimas de los anuncios que capturen la atención del usuario y generen tasas de clics más altas. La optimización del ranking del anuncio implica mejorar factores como la relevancia del anuncio, la experiencia de la página de destino y la tasa de clics esperada. Al enfocarse en mejorar estos factores, las empresas pueden mejorar la posición de sus anuncios, aumentar la visibilidad y maximizar el rendimiento del anuncio.

Seguimiento de conversiones y atribución

El seguimiento de conversiones y atribuirlas a anuncios o campañas específicas es crucial para medir el retorno de la inversión (ROI) de manera precisa. Las empresas deben implementar mecanismos de seguimiento de conversiones, como píxeles o etiquetas de conversión, para rastrear las acciones de los usuarios, como compras, envío de formularios o registros. Los modelos de atribución ayudan a determinar la contribución de diferentes anuncios o puntos de contacto en el proceso de conversión. Al comprender qué anuncios generan las conversiones más valiosas, las empresas pueden optimizar sus campañas para maximizar el ROI.

Monitoreo y optimización continua

La optimización del rendimiento de los anuncios es un proceso continuo. Las empresas deben monitorear continuamente el rendimiento de las campañas, evaluar los datos y realizar optimizaciones iterativas. Esto incluye ajustar las estrategias de puja, refinar la segmentación, probar nuevas variaciones de anuncios y optimizar las páginas de destino en función del comportamiento del usuario y las métricas de rendimiento. Revisar y optimizar regularmente las campañas garantiza que las empresas se mantengan competitivas, mejoren el rendimiento de los anuncios y maximicen el ROI.

Cálculo del retorno de la inversión (ROI)

Medir el ROI es esencial para evaluar la rentabilidad de las campañas de PPC. El ROI se calcula comparando los ingresos totales generados por las campañas con los costos totales, incluido el gasto en anuncios y los gastos asociados. Al medir el ROI de manera precisa, las empresas pueden determinar la efectividad de sus campañas de PPC y tomar decisiones informadas sobre la asignación de presupuesto y los ajustes de la campaña.

Al implementar estas estrategias de optimización y medir el ROI, las empresas pueden asegurarse de que sus campañas de PPC brinden resultados óptimos y un retorno de inversión positivo. El seguimiento de métricas clave de rendimiento, la refinación de estrategias de segmentación y puja, la realización de pruebas A/B, la optimización de copias de anuncios y páginas de destino, la mejora de la posición y el ranking del anuncio, la implementación del seguimiento de conversiones y atribución, el monitoreo continuo y el cálculo del ROI contribuyen a optimizar el rendimiento de los anuncios y maximizar la efectividad de las campañas de PPC.

Capítulo 8
Marketing por correo electrónico y automatización

En este capítulo, exploramos el poder del marketing por correo electrónico y la automatización como estrategias efectivas para interactuar con los clientes, fomentar clientes potenciales y aumentar las conversiones. El marketing por correo electrónico permite a las empresas comunicarse directamente con su audiencia, enviar mensajes dirigidos y construir relaciones a largo plazo. La automatización lleva el marketing por correo electrónico al siguiente nivel al agilizar los procesos y entregar contenido personalizado y oportuno a los suscriptores.

Comprendiendo el Marketing por Correo Electrónico

Comenzamos discutiendo los fundamentos del marketing por correo electrónico y sus beneficios. El marketing por correo electrónico implica enviar mensajes dirigidos a una lista de suscriptores con el objetivo de fomentar clientes potenciales, promocionar productos o servicios, ofrecer contenido valioso o impulsar acciones específicas. Exploramos los diferentes tipos de correos electrónicos, como boletines, correos electrónicos promocionales, secuencias de bienvenida y recordatorios de carritos abandonados. Al aprovechar el marketing por correo electrónico, las empresas pueden llegar directamente a su audiencia, mantener una comunicación regular y fomentar la lealtad del cliente.

Construyendo una Lista de Correo Electrónico de Calidad

Una lista de correo electrónico de calidad es esencial para campañas de marketing por correo electrónico exitosas. Exploramos estrategias para construir una base de suscriptores de correo electrónico comprometida y optada. Las empresas deben emplear técnicas como ofrecer imanes de plomo, crear formularios de suscripción convincentes, utilizar promociones en las redes sociales e implementar la segmentación de clientes. Al centrarse en construir una lista de correo electrónico de calidad con suscriptores interesados y relevantes, las empresas pueden asegurar tasas de apertura, tasas de clics y conversiones más altas.

Creando Contenido de Correo Electrónico Atractivo

El contenido de correo electrónico atractivo es crucial para captar la atención e interés de los suscriptores. Discutimos técnicas para crear líneas de asunto convincentes, redactar copias de correo electrónico personalizadas y relevantes, incorporar botones de llamada a la acción persuasivos e incluir imágenes o videos visualmente atractivos. Las empresas deben centrarse en ofrecer valor, relevancia y una voz de marca constante en su contenido de correo electrónico. Al proporcionar información valiosa, ofertas exclusivas o historias entretenidas, las empresas pueden mantener a los suscriptores comprometidos y fomentar una mayor interacción.

Automatización y Segmentación del Correo Electrónico

La automatización lleva el marketing por correo electrónico al siguiente nivel al permitir que las empresas entreguen contenido personalizado y oportuno a los suscriptores según su comportamiento, preferencias o acciones. Exploramos el poder de la automatización y la segmentación del correo electrónico en el fomento de clientes potenciales y las conversiones. Las empresas pueden automatizar correos electrónicos de bienvenida, secuencias de seguimiento, recomendaciones personalizadas o campañas de reactivación. Al segmentar a los suscriptores según características demográficas, intereses o interacciones anteriores, las empresas pueden entregar contenido personalizado que resuene con cada suscriptor, aumentando la participación y las tasas de conversión.

Optimización de la Entregabilidad del Correo Electrónico y las Tasas de Apertura

Garantizar una alta entregabilidad del correo electrónico y tasas de apertura es esencial para el éxito de las campañas de marketing por correo electrónico. Discutimos estrategias para optimizar la entregabilidad, que incluyen mantener una lista de suscriptores limpia y actualizada, utilizar la confirmación de doble opt-in, evitar palabras que puedan activar filtros de spam y seguir las mejores prácticas del correo electrónico. Además, exploramos técnicas para mejorar las tasas de apertura, como la personalización, las pruebas A/B de las líneas de asunto y la optimización del texto del preencabezado. Al seguir las mejores prácticas de entregabilidad e implementar estrategias para aumentar las tasas de apertura, las empresas pueden maximizar la efectividad de sus esfuerzos de marketing por correo electrónico.

Análisis del Correo Electrónico y Seguimiento del Desempeño

Medir el desempeño del marketing por correo electrónico es crucial para evaluar el éxito de las campañas y tomar decisiones basadas en datos. Discutimos la importancia del análisis del correo electrónico y el seguimiento de métricas clave, como tasas de apertura, tasas de clics, tasas de conversión y tasas de cancelación de suscripción. Al analizar los datos de rendimiento, las empresas

pueden obtener información sobre el comportamiento de los
suscriptores, identificar áreas de mejora y optimizar sus estrategias
de marketing por correo electrónico para obtener mejores
resultados. El seguimiento y análisis continuos permiten a las
empresas perfeccionar su contenido, segmentación y automatización
para aumentar la participación y las conversiones.

Al incorporar el marketing por correo electrónico y la
automatización en sus estrategias, las empresas pueden fomentar
clientes potenciales, interactuar con los clientes y generar
conversiones de manera efectiva. La construcción de una lista de
correo electrónico de calidad, la creación de contenido atractivo, la
utilización de la automatización y la segmentación, la optimización
de la entregabilidad y las tasas de apertura, y el seguimiento de las
métricas de rendimiento contribuyen a una estrategia exitosa de
marketing por correo electrónico. El marketing por correo
electrónico y la automatización brindan a las empresas un canal
directo y personalizado para conectarse con su audiencia, fomentar
la lealtad de la marca y alcanzar sus objetivos de marketing.

Diseño de Campañas de Correo Electrónico Impactantes

En este capítulo, exploramos las estrategias y mejores prácticas
para diseñar campañas de correo electrónico impactantes que
cautiven a los destinatarios, generen participación y brinden los
resultados deseados. Una campaña de correo electrónico bien
diseñada va más allá del contenido, abarca el atractivo visual, el
mensaje claro y las llamadas a la acción efectivas. Al implementar
los siguientes principios, las empresas pueden crear campañas de
correo electrónico que resuenen con los suscriptores y logren sus
objetivos de marketing.

Imagen de Marca y Identidad Visual Coherentes

La coherencia en la imagen de marca es esencial para crear una campaña de correo electrónico cohesionada y memorable. Las empresas deben asegurarse de que el diseño de su correo electrónico refleje la identidad de su marca, incluyendo esquemas de color, ubicación del logotipo y tipografía. Una imagen de marca coherente construye el reconocimiento de la marca y refuerza la confianza y familiaridad que los suscriptores tienen con el negocio.

Diseño Adaptable a Dispositivos Móviles

Dado la prevalencia de dispositivos móviles, es crucial diseñar correos electrónicos que sean compatibles con dispositivos móviles. Las empresas deben optimizar el diseño de sus correos electrónicos para que sean receptivos y accesibles en diferentes tamaños de pantalla. Esto incluye utilizar un diseño de una sola columna, garantizar la legibilidad del texto y las imágenes, y optimizar el tamaño de los botones para interacciones táctiles. Una experiencia móvil fluida asegura que los suscriptores puedan interactuar con el contenido del correo electrónico sin importar el dispositivo que utilicen.

Líneas de Asunto y Texto del Preencabezado Atractivos

Las líneas de asunto y el texto del preencabezado son los primeros elementos que los suscriptores ven al recibir un correo electrónico. Crear líneas de asunto atractivas que capturen la atención y generen curiosidad es esencial para incentivar a los destinatarios a abrir el correo electrónico. Además, optimizar el texto del preencabezado, un breve resumen o vista previa del contenido del correo electrónico, puede proporcionar contexto adicional y fomentar las aperturas. Un mensaje claro y conciso en las líneas de asunto y el texto del preencabezado prepara el escenario para el contenido del correo electrónico.

Contenido Atractivo y Relevante

El contenido dentro del correo electrónico en sí debe ser atractivo, relevante y adaptado al público objetivo. Las empresas deben enfocarse en proporcionar información valiosa, recomendaciones personalizadas, ofertas exclusivas o historias entretenidas que resuenen con los suscriptores. Utilizar contenido dinámico o tokens de personalización basados en los datos del suscriptor puede mejorar aún más la relevancia y efectividad del contenido del correo electrónico.

Llamadas a la Acción (CTA) Claras

Incluir llamadas a la acción (CTA) claras y prominentes es crucial para guiar a los destinatarios hacia la acción deseada. Las CTA deben ser visualmente distintivas, convincentes y alineadas con el objetivo del correo electrónico. Las empresas deben utilizar un lenguaje orientado a la acción y posicionar las CTA estratégicamente dentro del correo electrónico para maximizar las tasas de clics. Al proporcionar un camino claro para que los suscriptores tomen medidas, las empresas pueden generar conversiones y alcanzar sus objetivos de campaña.

Elementos Visuales Atractivos

Los elementos visuales, como imágenes o videos, pueden mejorar significativamente el impacto de una campaña de correo electrónico. Las empresas deben utilizar elementos visuales llamativos que se alineen con el propósito del correo electrónico y respalden el mensaje que se quiere transmitir. Imágenes de alta calidad, gráficos persuasivos o videos atractivos pueden captar la atención de los suscriptores y animarlos a seguir leyendo o tomar acción.

Pruebas y Optimización

Realizar pruebas y optimizar las campañas de correo electrónico es esencial para maximizar su impacto. Las empresas deben llevar a cabo pruebas A/B en diversos elementos, como líneas de asunto, llamadas a la acción o diseños de correo electrónico, para identificar las combinaciones más efectivas. Además, analizar métricas de rendimiento, como tasas de apertura, tasas de clics y conversiones, permite a las empresas mejorar sus campañas y realizar mejoras basadas en datos con el tiempo.

Personalización y Segmentación

La personalización y segmentación desempeñan un papel vital en el diseño de campañas de correo electrónico impactantes. Al segmentar a los suscriptores según características demográficas, preferencias o interacciones pasadas, las empresas pueden ofrecer contenido altamente dirigido y personalizado. Adaptar el mensaje y las ofertas del correo electrónico a segmentos específicos garantiza la relevancia y aumenta la probabilidad de participación y conversiones.

Al implementar estos principios de diseño, las empresas pueden crear campañas de correo electrónico impactantes que se destaquen en las bandejas de entrada de los suscriptores, fomenten la participación y brinden los resultados deseados. La coherencia de la imagen de marca, el diseño adaptable a dispositivos móviles, las líneas de asunto y el texto del preencabezado convincentes, el contenido atractivo, las llamadas a la acción claras, los elementos visuales llamativos, las pruebas y la optimización, y la personalización y segmentación contribuyen a la efectividad de las

campañas de correo electrónico y ayudan a las empresas a alcanzar
sus objetivos de marketing.

Implementar Herramientas de Automatización de Marketing

En este capítulo, exploramos la implementación de
herramientas de automatización de marketing para agilizar y
mejorar los esfuerzos de marketing por correo electrónico. La
automatización de marketing permite a las empresas automatizar
tareas repetitivas, ofrecer contenido personalizado y cultivar clientes
potenciales a gran escala. Al aprovechar de manera efectiva las
herramientas de automatización de marketing, las empresas pueden
ahorrar tiempo, mejorar la eficiencia y enviar mensajes dirigidos que
resuenen con su audiencia.

Seleccionar la Plataforma de Automatización de Marketing adecuada

El primer paso para implementar la automatización de
marketing es seleccionar la plataforma adecuada que se ajuste a las
necesidades del negocio. Las empresas deben evaluar diferentes
herramientas de automatización de marketing en función de sus
características, escalabilidad, facilidad de uso, capacidades de
integración y precios. Es esencial elegir una plataforma que se alinee
con los objetivos de la organización y proporcione las
funcionalidades necesarias para la automatización del marketing
por correo electrónico, como la automatización de flujos de trabajo,
la puntuación de clientes potenciales, la segmentación y el análisis.

Crear Trayectorias y Flujos de Trabajo para los Clientes

Las plataformas de automatización de marketing permiten a las
empresas crear trayectorias y flujos de trabajo para automatizar el
envío de correos electrónicos en función de desencadenantes,

acciones o condiciones predefinidas. Las empresas deben mapear la trayectoria del cliente e identificar los puntos de contacto donde se pueden enviar correos electrónicos automatizados para interactuar y cultivar clientes potenciales. Los flujos de trabajo pueden incluir secuencias de bienvenida, recordatorios de carritos abandonados, campañas de reenganche o contenido personalizado basado en el comportamiento o los intereses de los suscriptores.

Segmentar y Personalizar las Campañas de Correo Electrónico

La segmentación y personalización son componentes críticos de la automatización de marketing exitosa. Las empresas deben utilizar las capacidades de segmentación de la plataforma de automatización para categorizar a los suscriptores en función de su demografía, comportamiento o intereses. Al segmentar a la audiencia, las empresas pueden enviar correos electrónicos dirigidos y personalizados que resuenen con grupos específicos, aumentando la participación y las conversiones. Los tokens de personalización se pueden utilizar para insertar dinámicamente información específica del suscriptor en el contenido del correo electrónico, creando una experiencia más adaptada y relevante.

Puntuación y Cultivo de Clientes Potenciales

Las herramientas de automatización de marketing a menudo incluyen funcionalidades de puntuación de clientes potenciales que asignan valores a los clientes potenciales en función de su participación e interacciones. Al implementar la puntuación de clientes potenciales, las empresas pueden identificar y priorizar los clientes potenciales que tienen más probabilidades de convertir. Se pueden establecer campañas de cultivo para enviar automáticamente correos electrónicos dirigidos a los clientes potenciales en diferentes etapas del embudo de ventas, proporcionándoles contenido relevante y guiándolos hacia la conversión.

Analyzing and Optimizing Campaign Performance

Las plataformas de automatización de marketing ofrecen sólidas capacidades de análisis e informes para rastrear y medir el rendimiento de las campañas por correo electrónico. Las empresas deben analizar regularmente métricas clave como tasas de apertura, tasas de clics, tasas de conversión y ingresos generados. Al obtener información sobre el rendimiento de la campaña, las empresas pueden identificar áreas de mejora, tomar decisiones basadas en datos y optimizar sus estrategias de marketing por correo electrónico para obtener mejores resultados.

Integración con Otros Canales de Marketing

Las plataformas de automatización de marketing a menudo ofrecen capacidades de integración con otros canales y herramientas de marketing. Las empresas deben explorar las posibilidades de integración para mejorar sus esfuerzos de marketing en general. Por ejemplo, la integración con sistemas de gestión de relaciones con los clientes (CRM) permite a las empresas alinear las actividades de ventas y marketing de manera fluida. Las integraciones con plataformas de redes sociales o constructores de páginas de destino pueden ampliar aún más el alcance e impacto de las campañas de marketing por correo electrónico.

Aprendizaje y Mejora Continuos

La implementación de herramientas de automatización de marketing es un proceso iterativo. Las empresas deben aprender continuamente de los datos, los comentarios de los clientes y las tendencias del mercado para mejorar sus estrategias de automatización. Probar regularmente enfoques diferentes, analizar los resultados y realizar ajustes basados en información contribuyen a la optimización continua y al éxito.

Al implementar de manera efectiva herramientas de automatización de marketing, las empresas pueden automatizar flujos de trabajo por correo electrónico, personalizar contenido, cultivar clientes potenciales y lograr una mayor eficiencia en sus esfuerzos de marketing por correo electrónico. La selección de la plataforma adecuada, la creación de trayectorias de clientes, la segmentación y personalización de las campañas, la puntuación y el cultivo de clientes potenciales, el análisis del rendimiento de la campaña, la integración con otros canales y la búsqueda de la mejora continua desempeñan roles cruciales para aprovechar el poder de la automatización de marketing en el éxito del marketing por correo electrónico.

Llamadas a la Acción (CTAs) Claras

Incluir llamadas a la acción (CTAs) claras y prominentes es crucial para guiar a los destinatarios hacia la acción deseada. Las CTAs deben ser visualmente distintivas, persuasivas y estar alineadas con el objetivo del correo electrónico. Las empresas deben utilizar un lenguaje orientado a la acción y posicionar estratégicamente las CTAs dentro del correo electrónico para maximizar las tasas de clics. Al proporcionar un camino claro para que los suscriptores tomen acción, las empresas pueden impulsar conversiones y lograr los objetivos de su campaña.

Elementos Visuales Atractivos

Los elementos visuales, como imágenes o videos, pueden mejorar significativamente el impacto de una campaña por correo electrónico. Las empresas deben utilizar elementos visuales llamativos que se alineen con el propósito del correo electrónico y respalden el mensaje que se quiere transmitir. Imágenes de alta calidad, gráficos persuasivos o videos atractivos pueden captar la atención de los suscriptores y animarlos a seguir leyendo o a tomar acción.

Pruebas y Optimización

Las pruebas y la optimización de las campañas por correo electrónico son esenciales para maximizar su impacto. Las empresas deben realizar pruebas A/B en diversos elementos, como líneas de asunto, CTAs o diseños de correo electrónico, para identificar las combinaciones más efectivas. Además, al analizar métricas de rendimiento como las tasas de apertura, las tasas de clics y las conversiones, las empresas pueden perfeccionar sus campañas y realizar mejoras basadas en datos con el tiempo.

Personalización y Segmentación

La personalización y la segmentación desempeñan un papel vital en el diseño de campañas por correo electrónico impactantes. Al segmentar a los suscriptores según su demografía, preferencias o interacciones pasadas, las empresas pueden ofrecer contenido altamente dirigido y personalizado. Adaptar el mensaje y las ofertas del correo electrónico a segmentos específicos garantiza la relevancia y aumenta la probabilidad de interacción y conversiones.

Al implementar estos principios de diseño, las empresas pueden crear campañas por correo electrónico impactantes que se destaquen en la bandeja de entrada de los suscriptores, fomenten la participación y brinden los resultados deseados. El branding consistente, el diseño compatible con dispositivos móviles, las líneas de asunto y el texto previo a la apertura persuasivos, el contenido atractivo, las CTAs claras, los elementos visuales llamativos, las pruebas y la optimización, y la personalización y segmentación contribuyen a la efectividad de las campañas por correo electrónico y ayudan a las empresas a alcanzar sus objetivos de marketing.

Implementación de Herramientas de Automatización de Marketing

En este capítulo, exploramos la implementación de herramientas de automatización de marketing para optimizar y mejorar los esfuerzos de marketing por correo electrónico. La automatización de marketing permite a las empresas automatizar tareas repetitivas, ofrecer contenido personalizado y cultivar relaciones a gran escala. Al utilizar de manera efectiva las herramientas de automatización de marketing, las empresas pueden ahorrar tiempo, mejorar la eficiencia y enviar mensajes dirigidos que resuenen con su audiencia.

Selección de la Plataforma de Automatización de Marketing Correcta

El primer paso en la implementación de la automatización de marketing es seleccionar la plataforma adecuada que se ajuste a las necesidades de la empresa. Las empresas deben evaluar diferentes herramientas de automatización de marketing en función de sus características, escalabilidad, facilidad de uso, capacidades de integración y precios. Es fundamental elegir una plataforma que se alinee con los objetivos de la organización y proporcione las funcionalidades necesarias para la automatización del marketing por correo electrónico, como automatización de flujos de trabajo, puntuación de clientes potenciales, segmentación y análisis.

Creación de Trayectorias de Clientes y Flujos de Trabajo

Las plataformas de automatización de marketing permiten a las empresas crear trayectorias de clientes y flujos de trabajo que

automatizan el envío de correos electrónicos en función de
desencadenantes, acciones o condiciones predefinidas. Las empresas
deben diseñar la trayectoria del cliente e identificar los puntos de
contacto donde se pueden enviar correos electrónicos automatizados
para interactuar y cultivar clientes potenciales. Los flujos de trabajo
pueden incluir secuencias de bienvenida, recordatorios de carritos
abandonados, campañas de reenganche o contenido personalizado
basado en el comportamiento o intereses de los suscriptores.

Segmentación y Personalización de las Campañas por Correo Electrónico

La segmentación y personalización son componentes críticos de
una automatización de marketing exitosa. Las empresas deben
utilizar las capacidades de segmentación de la plataforma de
automatización para categorizar a los suscriptores según la
demografía, el comportamiento o los intereses. Al segmentar la
audiencia, las empresas pueden enviar correos electrónicos dirigidos
y personalizados que resuenen con grupos específicos, aumentando
la participación y las conversiones. Los tokens de personalización se
pueden utilizar para insertar dinámicamente información específica
del suscriptor en el contenido del correo electrónico, creando una
experiencia más adaptada y relevante.

Puntuación y Cultivo de Clientes Potenciales

Las herramientas de automatización de marketing a menudo
incluyen funcionalidades de puntuación de clientes potenciales que
asignan valores a los clientes potenciales en función de su
participación e interacciones. Al implementar la puntuación de
clientes potenciales, las empresas pueden identificar y priorizar a los
clientes potenciales que tienen más probabilidades de convertir. Se
pueden configurar campañas de cultivo para enviar

automáticamente correos electrónicos dirigidos a los clientes potenciales en diferentes etapas del embudo de ventas, proporcionándoles contenido relevante y guiándolos hacia la conversión.

Análisis y Optimización del Rendimiento de las Campañas

Las plataformas de automatización de marketing proporcionan capacidades sólidas de análisis e informes para rastrear y medir el rendimiento de las campañas por correo electrónico. Las empresas deben analizar regularmente métricas clave como las tasas de apertura, las tasas de clics, las tasas de conversión y los ingresos generados. Al obtener información sobre el rendimiento de las campañas, las empresas pueden identificar áreas de mejora, tomar decisiones basadas en datos y optimizar sus estrategias de marketing por correo electrónico para obtener mejores resultados.

Integración con Otros Canales de Marketing

Las plataformas de automatización de marketing a menudo ofrecen capacidades de integración con otros canales y herramientas de marketing. Las empresas deben explorar las posibilidades de integración para mejorar sus esfuerzos de marketing en general. Por ejemplo, integrar sistemas de gestión de relaciones con los clientes (CRM) permite a las empresas alinear de manera perfecta las actividades de ventas y marketing. Las integraciones con plataformas de redes sociales o creadores de páginas de destino pueden ampliar aún más el alcance y el impacto de las campañas de marketing por correo electrónico.

Aprendizaje y Mejora Continuos

La implementación de herramientas de automatización de marketing es un proceso iterativo. Las empresas deben aprender continuamente a partir de los datos, los comentarios de los clientes y las tendencias del mercado para mejorar sus estrategias de automatización. Realizar pruebas con enfoques diferentes, analizar los resultados y realizar ajustes basados en la información obtenida contribuyen a la optimización continua y el éxito.

Al implementar de manera efectiva las herramientas de automatización de marketing, las empresas pueden automatizar flujos de trabajo por correo electrónico, personalizar el contenido, cultivar clientes potenciales y lograr una mayor eficiencia en sus esfuerzos de marketing por correo electrónico. Seleccionar la plataforma adecuada, construir trayectorias de clientes, segmentar y personalizar campañas, puntuar y cultivar clientes potenciales, analizar el rendimiento de las campañas, integrarse con otros canales y abrazar la mejora continua desempeñan un papel crucial en aprovechar el poder de la automatización de marketing para lograr el éxito en el marketing por correo electrónico.

Estrategias de Personalización y Segmentación para el Marketing por Correo Electrónico

En este capítulo, profundizamos en la importancia de la personalización y la segmentación en el marketing por correo electrónico y exploramos estrategias para implementarlas de manera efectiva. La personalización y la segmentación permiten a las empresas ofrecer contenido dirigido y relevante a los suscriptores, lo que se traduce en una mayor participación, mayores conversiones y relaciones más sólidas con los clientes.

Entender la Personalización en el Marketing por Correo Electrónico

La personalización implica adaptar el contenido del correo electrónico a los suscriptores individuales en función de sus

preferencias, comportamiento y demografía. Va más allá de
simplemente dirigirse al destinatario por su nombre; implica
personalizar el contenido del correo electrónico, las ofertas, las
recomendaciones e incluso la hora de envío. La personalización crea
una experiencia más personalizada y relevante para los suscriptores,
haciéndolos sentir valorados y aumentando su participación con el
correo electrónico.

Importancia de la Segmentación en el Marketing por Correo Electrónico

La segmentación implica categorizar a los suscriptores en
grupos distintos en función de criterios específicos, como
demografía, preferencias, historial de compras o nivel de
participación. Al segmentar a la audiencia, las empresas pueden
crear campañas de correo electrónico dirigidas que resuenan con las
características e intereses únicos de cada grupo. La segmentación
permite una orientación más precisa, lo que permite a las empresas
ofrecer contenido y ofertas altamente relevantes, lo que se traduce
en una mejora en las tasas de apertura, clics y conversiones.

Recopilación y Utilización de los Datos de los Suscriptores

Para personalizar y segmentar de manera efectiva, las empresas
deben recopilar y utilizar los datos de los suscriptores. Pueden
recopilar datos a través de formularios de registro, centros de
preferencias, historial de compras, interacciones en el sitio web o
encuestas. Estos datos brindan información valiosa sobre los
intereses, preferencias y comportamientos de los suscriptores, lo que
permite a las empresas adaptar sus campañas de correo electrónico
en consecuencia. Utilizar los datos de los suscriptores permite a las
empresas crear contenido altamente dirigido y personalizado que
resuena con cada individuo.

Creación de Contenido Dinámico

El contenido dinámico implica cambiar partes de un correo electrónico en función de los atributos o preferencias del destinatario. Permite a las empresas personalizar el contenido del correo electrónico en función de los datos del suscriptor, ofreciendo recomendaciones personalizadas, sugerencias de productos u ofertas específicas de la ubicación. El contenido dinámico crea una experiencia más personalizada para cada suscriptor, lo que aumenta su participación y genera tasas de conversión más altas.

Implementación de Disparadores Basados en el Comportamiento

Los disparadores basados en el comportamiento son correos electrónicos automatizados desencadenados por acciones o comportamientos específicos de los suscriptores, como realizar una compra, abandonar un carrito de compras o suscribirse a un boletín informativo. Al configurar disparadores basados en el comportamiento, las empresas pueden enviar correos electrónicos oportunos y relevantes que respondan a las acciones de los suscriptores. Estos correos electrónicos desencadenados pueden incluir recomendaciones de productos personalizadas, recordatorios u ofertas exclusivas, lo que proporciona una experiencia del cliente fluida y personalizada.

Marketing por Correo Electrónico del Ciclo de Vida

El marketing por correo electrónico del ciclo de vida implica enviar correos electrónicos dirigidos en diferentes etapas del ciclo de vida del cliente, desde la incorporación hasta la retención y la reactivación. Al comprender dónde se encuentran los suscriptores en su recorrido, las empresas pueden enviar correos electrónicos relevantes que satisfagan sus necesidades e intereses específicos. Por

ejemplo, los nuevos suscriptores pueden recibir una serie de
bienvenida, mientras que los clientes leales pueden recibir ofertas
exclusivas o recompensas de fidelidad. El marketing por correo
electrónico del ciclo de vida fomenta las relaciones con los clientes y
fomenta la participación a largo plazo.

Pruebas y Optimización de la Personalización y Segmentación

Para garantizar la efectividad de las estrategias de
personalización y segmentación, las empresas deben realizar
pruebas y optimizar continuamente sus campañas de correo
electrónico. Las pruebas A/B de diferentes elementos de
personalización, criterios de segmentación o variaciones de
contenido ayudan a identificar los enfoques más efectivos. El
análisis de métricas de rendimiento, como las tasas de apertura, clics
y conversiones, proporciona información sobre la efectividad de los
esfuerzos de personalización y segmentación, lo que permite a las
empresas perfeccionar sus estrategias para obtener mejores
resultados.

Al implementar estrategias de personalización y segmentación
en el marketing por correo electrónico, las empresas pueden ofrecer
contenido dirigido y relevante que resuene con los suscriptores. La
recopilación y utilización de los datos de los suscriptores, la creación
de contenido dinámico, la implementación de disparadores basados
en el comportamiento, el aprovechamiento del marketing por correo
electrónico del ciclo de vida y la prueba y optimización continua
contribuyen al éxito de la personalización y segmentación. Estas
estrategias resultan en una mayor participación, mayores
conversiones y relaciones más sólidas con los clientes, lo que en

última instancia impulsa el éxito de las campañas de marketing por correo electrónico.

CAPÍTULO 9

Marketing de Influencers y Asociaciones de Marca

En este capítulo, exploramos la poderosa estrategia del marketing de influencers y las asociaciones de marca, que se han convertido en componentes integrales de las campañas de marketing modernas. El marketing de influencers aprovecha el alcance y la influencia de personas con un gran número de seguidores en línea para promocionar productos o servicios, mientras que las asociaciones de marca implican colaborar con otras marcas para crear iniciativas de marketing mutuamente beneficiosas. Al comprender e implementar de manera efectiva estas estrategias, las empresas pueden ampliar su alcance, mejorar su credibilidad y generar un compromiso significativo con su público objetivo.

Comprender el Marketing de Influencers

El marketing de influencers implica colaborar con personas que tienen credibilidad establecida y un seguimiento leal en un nicho o industria específica. Los influencers, generalmente activos en plataformas de redes sociales como Instagram, YouTube o TikTok, tienen el poder de influir en las opiniones y decisiones de compra de sus seguidores. Al asociarse con influencers cuyos valores se alinean con su marca, las empresas pueden aprovechar su alcance, autenticidad e influencia para promocionar sus productos o servicios a una audiencia altamente comprometida.

Identificar los Influencers Correctos

Elegir los influencers adecuados es fundamental para el éxito de una campaña de marketing de influencers. Las empresas deben tener en cuenta factores como la demografía del público, las tasas de participación, la calidad del contenido y la alineación con la marca al seleccionar influencers. Los microinfluencers, con audiencias más pequeñas pero altamente comprometidas, pueden ser especialmente efectivos para mercados de nicho. Una investigación exhaustiva y análisis del contenido de los influencers, la demografía de su audiencia y colaboraciones anteriores pueden ayudar a garantizar una buena combinación para la marca.

Desarrollar Asociaciones Auténticas

Las campañas de marketing de influencers exitosas se basan en asociaciones auténticas. Es fundamental que las empresas establezcan relaciones genuinas con los influencers basadas en valores compartidos y respeto mutuo. Al involucrar a los influencers en el proceso creativo y darles libertad para expresar sus opiniones auténticas, las empresas pueden asegurarse de que el contenido resuene tanto con la audiencia del influencer como con el mensaje de su marca. La autenticidad es clave para generar confianza y credibilidad con el público objetivo.

Aprovechar Diferentes Tipos de Colaboraciones con Influencers

El marketing de influencers ofrece varias opciones de colaboración para adaptarse a diferentes objetivos de campaña y presupuestos. Estas incluyen contenido patrocinado, colocación de productos, embajadores de marca o programas de afiliados. El contenido patrocinado implica que los influencers creen publicaciones o videos dedicados promocionando la marca o sus productos. La colocación de productos muestra los productos de la marca de manera más orgánica en el contenido de los influencers. Los embajadores de marca son asociaciones a largo plazo en las que los influencers representan a la marca de forma continua. Los programas de afiliados permiten que los influencers ganen una comisión por generar ventas a través de sus enlaces de afiliados únicos. Elegir el tipo adecuado de colaboración depende de los objetivos de la campaña y el público objetivo.

Aprovechar el Poder de las Asociaciones de Marca

Las asociaciones de marca implican colaborar con otras marcas complementarias para crear iniciativas de marketing conjuntas. Al alinearse con marcas afines, las empresas pueden aprovechar la audiencia, experiencia y recursos de cada una para amplificar sus esfuerzos de marketing y llegar a una base de consumidores más amplia. Las asociaciones de marca ofrecen oportunidades para co-crear contenido, realizar promociones conjuntas, organizar eventos o desarrollar productos co-marca, beneficiando a ambas marcas y proporcionando un valor único al público objetivo.

Identificar Socios de Marca Compatibles

Encontrar socios de marca compatibles es fundamental para colaboraciones exitosas. Las empresas deben buscar marcas que compartan valores similares, tengan un público objetivo similar y complementen sus productos o servicios. Colaborar con marcas no competitivas permite la promoción cruzada y el acceso a un grupo más amplio de clientes potenciales. Una investigación exhaustiva y una visión compartida para la asociación ayudan a garantizar una buena combinación y maximizar los beneficios para ambas marcas involucradas.

Crear contenido atractivo en colaboración

Uno de los principales beneficios de las asociaciones de marca es la capacidad de crear contenido atractivo en colaboración que resuene con la audiencia de ambas marcas. Al combinar fuerzas creativas, las marcas pueden desarrollar contenido único y cautivador que cuente una historia cohesiva y brinde valor a la audiencia objetivo. El contenido co-creado puede adoptar diversas formas, como publicaciones de blog, videos, campañas en redes sociales e incluso eventos conjuntos. La clave está en asegurarse de que el contenido se alinee con los valores e intereses de ambas marcas y ofrezca una experiencia de marca sin fisuras.

Ampliar el alcance y el compromiso

Las asociaciones de marca ofrecen la oportunidad de aprovechar la audiencia existente de cada una y ampliar el alcance y el compromiso. Al promocionar mutuamente los productos o servicios, ambas marcas pueden dar a conocer sus ofertas a un nuevo conjunto de clientes potenciales que pueden tener un interés genuino en lo que tienen para ofrecer. Aprovechar los canales de redes sociales, boletines informativos u otros canales de marketing de ambas marcas permite una mayor exposición y un mayor compromiso con la audiencia objetivo.

Medición y evaluación del éxito de la asociación

Medir el éxito de las asociaciones de marca es esencial para evaluar la efectividad de la colaboración y tomar decisiones basadas en datos para futuras iniciativas. Las empresas deben establecer objetivos claros e indicadores clave de rendimiento (KPI) al inicio de la asociación. El seguimiento de métricas como el alcance, el compromiso, el tráfico del sitio web, las conversiones o la adquisición de clientes puede proporcionar información valiosa sobre el impacto de la asociación. La evaluación regular permite una optimización continua y la identificación de estrategias exitosas de asociación.

Al implementar el marketing de influencers y las asociaciones de marca de manera efectiva, las empresas pueden aprovechar el alcance, la credibilidad y los recursos de los influencers y las marcas complementarias para mejorar sus esfuerzos de marketing. Identificar a los influencers adecuados, desarrollar asociaciones auténticas, aprovechar diferentes tipos de colaboración, identificar socios de marca compatibles, crear contenido atractivo en colaboración, ampliar el alcance y el compromiso, y medir el éxito de la asociación son elementos clave de las estrategias exitosas de marketing de influencers y asociaciones de marca.

Define tu audiencia objetivo

- Comienza por definir claramente tu audiencia objetivo y comprende sus características demográficas, intereses y preferencias. Esto te ayudará a identificar a los influencers cuyos seguidores se ajustan al perfil de tu cliente ideal.

Realiza una investigación exhaustiva

Utiliza plataformas de redes sociales, plataformas de marketing de influencers y sitios web relacionados con tu industria para investigar e identificar influencers en tu nicho. Busca influencers que creen contenido relevante para tu industria y que tengan un seguimiento sustancial y comprometido.

Analiza las métricas de los influencers

Más allá del número de seguidores, analiza otras métricas clave para evaluar la relevancia e impacto de un influencer. Considera factores como la tasa de participación, el alcance, el número promedio de likes y comentarios por publicación y la calidad de su contenido. Herramientas como plataformas de análisis de redes sociales o plataformas de marketing de influencers pueden proporcionar información valiosa.

Evalúa la autenticidad y alineación del influencer

La autenticidad es fundamental en el marketing de influencers. Evalúa el contenido de un influencer para asegurarte de que se alinee con los valores de tu marca, el mensaje y la estética. Busca influencers que tengan una conexión genuina con su audiencia y que creen contenido que resuene con sus seguidores.

Considera asociaciones y colaboraciones con influencers

Busca influencers que hayan colaborado previamente con marcas de tu industria o con audiencias objetivo similares. Evalúa el éxito y el impacto de estas colaboraciones para determinar si serían adecuadas para tu marca.

Interactúa con los influencers

Una vez que hayas identificado posibles influencers, interactúa con ellos en plataformas de redes sociales. Participa en su contenido, deja comentarios significativos y comienza a construir una relación. Esto te ayudará a evaluar su capacidad de respuesta y a determinar si son adecuados para tu marca.

Aprovecha las plataformas de marketing de influencers

Considera el uso de plataformas de marketing de influencers que conectan marcas con influencers. Estas plataformas brindan acceso a una amplia red de influencers y ofrecen opciones avanzadas de búsqueda y filtrado basadas en criterios específicos, lo que facilita la búsqueda de influencers relevantes para tu marca.

Considera a los micro-influencers

No subestimes el potencial de los micro-influencers, que tienen un seguimiento más pequeño pero altamente comprometido. A menudo, tienen una audiencia de nicho y pueden brindar un alcance más específico y tasas de participación más altas. Los microinfluencers también pueden ser más rentables para las marcas con presupuestos limitados.

Recuerda que lo más importante es encontrar influencers que se alineen auténticamente con tu marca y tengan una audiencia comprometida que coincida con tu público objetivo. Establecer relaciones a largo plazo con influencers que realmente apoyen tu marca puede conducir a asociaciones fructíferas y exitosas.

Define tus objetivos

Define claramente tus objetivos y lo que deseas lograr a través de la asociación o colaboración. Identifica los objetivos específicos que deseas alcanzar, como aumentar el conocimiento de la marca, llegar a una nueva audiencia objetivo o impulsar las ventas. Tener objetivos bien definidos guiará tu estrategia de negociación.

Investiga y recopila información

Antes de iniciar las negociaciones, recopila información sobre el posible socio o influencer. Comprende sus valores, audiencia objetivo, colaboraciones anteriores y el valor que pueden aportar a tu marca. Este conocimiento te ayudará a adaptar tu enfoque de negociación y demostrar tu comprensión de su propuesta de valor única.

Identifica beneficios compartidos

Destaca los beneficios que ambas partes pueden obtener de la asociación o colaboración. Considera lo que puedes ofrecer a la otra parte en términos de exposición, acceso a tu audiencia o recursos. Enfatiza las sinergias y oportunidades de crecimiento que surgen al trabajar juntos. Presenta un caso convincente de por qué la colaboración es una situación beneficiosa para ambas partes.

Determina el alcance y los entregables

Define claramente el alcance de la asociación o colaboración, incluidos los entregables específicos, los plazos y las expectativas de ambas partes. Discute los tipos de contenido, campañas o actividades que imaginas y asegúrate de que ambas partes estén alineadas con los resultados deseados. Esta claridad ayudará a evitar malentendidos en el futuro.

Negocia términos mutuamente beneficiosos

Negocia términos que beneficien a ambas partes involucradas. Esto puede incluir aspectos como compensación, modelos de reparto de ingresos, exclusividad, derechos de propiedad intelectual u obligaciones promocionales. Encuentra un equilibrio que satisfaga las necesidades de ambas partes y se alinee con el valor que cada una aporta a la colaboración.

Mantén una comunicación abierta y respetuosa

A lo largo del proceso de negociación, mantén una comunicación abierta y respetuosa con el posible socio o influencer. Escucha sus perspectivas, aborda cualquier inquietud y mantente abierto a encontrar puntos en común. Una comunicación efectiva genera confianza y sienta las bases para una colaboración exitosa.

Considera un período de prueba o un proyecto piloto

Si no estás seguro de comprometerte con una asociación a largo plazo, considera comenzar con un período de prueba o un proyecto piloto. Esto te permite probar la colaboración a menor escala y evaluar su efectividad antes de comprometerte con una asociación más extensa. También brinda a ambas partes la oportunidad de evaluar la dinámica de trabajo y los resultados.

Ten un acuerdo por escrito

Una vez que las negociaciones estén completas y se acuerden los términos, formaliza la asociación o colaboración en un acuerdo por escrito. Incluye todos los términos acordados, entregables, plazos y cualquier otro detalle relevante. Tener un acuerdo claro protege a ambas partes y garantiza que se cumplan las expectativas.

Recuerda que las negociaciones deben ser un proceso colaborativo en el que ambas partes se sientan valoradas y se beneficien de la asociación. Está dispuesto a comprometerte, encontrar soluciones creativas y mantener un enfoque positivo y profesional durante todo el proceso de negociación. Construir asociaciones y colaboraciones sólidas es un proceso continuo que requiere comunicación constante, respeto mutuo y una visión compartida de éxito.

Medir la efectividad de las campañas de influencers

Medir la efectividad de las campañas con influencers es fundamental para evaluar su impacto, optimizar estrategias futuras y demostrar el retorno de la inversión. Si bien cada campaña puede tener objetivos únicos, existen varios indicadores clave y estrategias que pueden ayudarte a medir su efectividad:

Alcance e impresiones

Evalúa el alcance e impresiones generadas por la campaña con influencers. Esto incluye medir el número total de seguidores alcanzados a través del contenido del influencer y la cantidad de veces que el contenido fue visto. Estas métricas brindan información sobre la exposición general de la campaña y el alcance potencial del público.

Métricas de participación

Evalúa la participación generada por la campaña con influencers, como los "me gusta", comentarios, compartidos y guardados en plataformas de redes sociales. Las métricas de participación indican qué tan bien resonó el contenido con el público y el nivel de interacción que generó. Tasas de participación más altas generalmente indican una campaña más impactante.

Tasa de clics (CTR)

Realiza un seguimiento de la tasa de clics para medir la efectividad de dirigir tráfico a tu sitio web o página de destino. Esta métrica indica el porcentaje de usuarios que hicieron clic en el contenido del influencer y luego visitaron tu sitio web. Una tasa de clics más alta sugiere que la campaña logró generar tráfico e interés entre el público.

Conversiones y ventas

Mide el número de conversiones o ventas directamente atribuidas a la campaña con influencers. Esto se puede hacer utilizando enlaces de seguimiento únicos, códigos promocionales o programas de referencia. El seguimiento de las conversiones proporciona evidencia tangible del impacto de la campaña en la generación de resultados comerciales reales.

Sentimiento y percepción de la marca

Monitoriza el sentimiento y la percepción de tu marca antes, durante y después de la campaña con influencers. Esto se puede hacer a través de herramientas de análisis de sentimiento, escucha social o encuestas. Evaluar cualquier cambio en la percepción de la marca puede ayudar a determinar el impacto de la campaña en la reputación de la marca y el sentimiento de los clientes.

Retorno de la inversión (ROI)

Calcula el ROI de la campaña con influencers comparando los costos de la campaña con el valor generado, como ventas, clientes potenciales o exposición de la marca. Este análisis financiero ayuda a evaluar la efectividad de la campaña en generar un retorno positivo de la inversión realizada.

Al medir estos indicadores clave y analizar los datos, puedes obtener información sobre la efectividad de tu campaña con influencers. Utiliza esta información para optimizar estrategias futuras, identificar áreas de mejora y tomar decisiones basadas en datos para campañas exitosas de marketing con influencers.

Menciones de marca y sentimiento

Monitoriza las menciones de marca y el sentimiento asociados con la campaña con influencers. Analiza las conversaciones en redes sociales, los comentarios y los comentarios directos para evaluar el sentimiento general y la percepción de tu marca entre el público. Las menciones de marca positivas y el sentimiento favorable indican una campaña exitosa de influencers que influyó positivamente en la percepción de la marca.

Crecimiento de la audiencia

Evalúa cualquier cambio en tu propia base de seguidores en redes sociales o suscriptores de correo electrónico durante y después de la campaña con influencers. Un aumento en nuevos seguidores o suscriptores puede indicar que la campaña expandió con éxito la audiencia de tu marca y generó interés entre nuevos clientes potenciales.

Encuestas y comentarios

Recopila comentarios directos de tu audiencia a través de encuestas o encuestas rápidas para comprender su percepción, actitudes y comportamiento de compra como resultado de la campaña con influencers. Estos datos cualitativos brindan información valiosa sobre el impacto de la campaña en la percepción de la marca, la confianza del cliente y la intención de compra.

Rentabilidad

Evalúa la rentabilidad de la campaña con influencers comparando los gastos incurridos con los resultados obtenidos. Calcula métricas como el costo por impresión, el costo por interacción o el costo por conversión para evaluar la eficiencia de tu inversión en marketing con influencers.

Asociaciones a largo plazo

Evalúa el potencial de asociaciones a largo plazo con influencers en función del rendimiento de la campaña. Considera métricas como colaboraciones repetidas, crecimiento de seguidores a lo largo del tiempo y compromiso continuo para determinar el impacto a largo plazo del influencer en el crecimiento y el éxito de tu marca.

Recuerda que medir la efectividad de las campañas con influencers debe estar alineado con los objetivos de la campaña y adaptarse a tus metas específicas. Utiliza una combinación de métricas cuantitativas y cualitativas para obtener una comprensión completa del impacto de la campaña. Revisa y analiza regularmente estas métricas para refinar tus estrategias con influencers y mejorar las campañas futuras.

Capítulo 10
Analítica y Seguimiento del Desempeño

En el panorama actual del marketing digital, la toma de decisiones basada en datos es crucial para optimizar las campañas y lograr resultados óptimos. El Capítulo 10 profundiza en la importancia de la analítica y el seguimiento del desempeño, brindando información sobre cómo las empresas pueden aprovechar los datos para medir la efectividad de sus esfuerzos de marketing y tomar decisiones informadas.

Comprender el Rol de la Analítica

La analítica implica la recopilación, análisis e interpretación de datos para obtener información sobre diversos aspectos de las campañas de marketing. Proporciona información valiosa sobre el comportamiento del público, el desempeño de las campañas y el retorno de la inversión general. Al comprender el rol de la analítica, las empresas pueden aprovechar el poder de los datos para optimizar sus estrategias y obtener mejores resultados.

Definir Indicadores Clave de Desempeño (KPI)

Definir indicadores clave de desempeño (KPI) es un paso crucial en la analítica y el seguimiento del desempeño. Los KPI son métricas medibles que se alinean con los objetivos comerciales e indican el éxito de los esfuerzos de marketing. Pueden variar según los objetivos de la campaña e incluir métricas como tasas de conversión, tasas de clics, costos de adquisición de clientes, retorno de la inversión publicitaria o tasas de participación. Al establecer

KPI claros, las empresas pueden enfocar sus esfuerzos y realizar un seguimiento efectivo de su progreso.

Implementando Herramientas de Analítica Web

Las herramientas de analítica web, como Google Analytics, proporcionan a las empresas información valiosa sobre el rendimiento del sitio web, el comportamiento de los usuarios y el seguimiento de conversiones. Al implementar herramientas de analítica web, las empresas pueden realizar un seguimiento de métricas como el tráfico del sitio web, la tasa de rebote, la duración de las sesiones y los embudos de conversión. Estas herramientas permiten a las empresas comprender cómo interactúan los visitantes con su sitio web, identificar áreas de mejora y optimizar la experiencia del usuario para obtener mejores conversiones.

Analítica de Redes Sociales

Las plataformas de redes sociales ofrecen herramientas de analítica incorporadas que brindan información sobre el rendimiento de las campañas en redes sociales. Estas herramientas proporcionan datos sobre alcance, participación, crecimiento de seguidores, datos demográficos y rendimiento del contenido. Al analizar la analítica de redes sociales, las empresas pueden evaluar la efectividad de sus estrategias en redes sociales, identificar los tipos de contenido que resuenan con su audiencia y tomar decisiones basadas en datos para mejorar la participación y lograr sus objetivos de marketing.

Analítica de Email Marketing

Las plataformas de email marketing suelen ofrecer características de analítica sólidas que permiten a las empresas realizar un seguimiento del rendimiento de las campañas de correo electrónico. Métricas como tasas de apertura, tasas de clics, tasas de conversión y tasas de cancelación de suscripción brindan información sobre la efectividad de las campañas de correo electrónico. Al analizar la analítica de email marketing, las empresas pueden refinar sus estrategias de correo electrónico, optimizar el contenido y mejorar la personalización para obtener una mayor participación y conversiones.

Toma de Decisiones Basada en Datos

La toma de decisiones basada en datos implica utilizar información derivada de la analítica para informar las estrategias y tácticas de marketing. Al analizar datos e identificar patrones, las empresas pueden tomar decisiones informadas que maximicen el retorno de inversión en marketing y obtengan mejores resultados.

Análisis del Rendimiento de las Campañas

El análisis del rendimiento de las campañas implica evaluar regularmente el rendimiento de las campañas de marketing según los KPI predefinidos. Al revisar los datos y la analítica, las empresas pueden identificar qué campañas son exitosas, qué estrategias están obteniendo los mejores resultados y dónde se pueden realizar mejoras. Este análisis permite a las empresas asignar recursos de manera efectiva y optimizar sus esfuerzos de marketing.

Pruebas A/B y Optimización

Las pruebas A/B son una técnica poderosa que implica probar dos o más variaciones de un elemento de marketing para determinar cuál funciona mejor. Al realizar pruebas A/B en variables como creatividades de anuncios, diseños de páginas de destino, líneas de asunto de correo electrónico o botones de llamada a la acción, las empresas pueden identificar los elementos más efectivos y optimizar sus campañas en consecuencia. Las pruebas A/B permiten la toma de decisiones basada en datos y la mejora continua.

Segmentación y Personalización del Cliente

La analítica puede ayudar a las empresas a comprender mejor a su audiencia a través de la segmentación del cliente. Al analizar datos sobre la demografía, comportamiento y preferencias de los clientes, las empresas pueden segmentar su audiencia en grupos distintos. Esta segmentación permite estrategias de marketing personalizadas que resuenan con segmentos específicos de clientes, lo que lleva a una mayor participación y conversiones.

Análisis del Retorno de la Inversión

Medir el retorno de la inversión (ROI) es un aspecto fundamental de la toma de decisiones basada en datos. Al analizar datos sobre los costos de las campañas y los resultados correspondientes, las empresas pueden evaluar la efectividad y rentabilidad de sus esfuerzos de marketing. El análisis del ROI ayuda a identificar qué campañas o canales brindan los mayores retornos, lo que permite a las empresas asignar recursos estratégicamente y optimizar su inversión en marketing.

Privacidad y Seguridad de los Datos

En la era del marketing basado en datos, las empresas deben priorizar la privacidad y la seguridad de los datos. Es crucial cumplir con las regulaciones relevantes de protección de datos y garantizar que los datos de los clientes se recojan, almacenen y analicen de forma segura. Mediante la implementación de sólidas medidas de seguridad de datos y el cumplimiento de las mejores prácticas, las empresas pueden salvaguardar la confianza del cliente y mantener la integridad de sus prácticas de marketing basadas en datos.

Al adoptar la analítica y el seguimiento del rendimiento, las empresas pueden obtener información valiosa sobre sus campañas de marketing, el comportamiento de los clientes y el rendimiento general. Mediante la toma de decisiones basada en datos, las empresas pueden optimizar sus estrategias, mejorar las experiencias de los clientes y alcanzar sus objetivos de marketing de manera más efectiva. La analítica y el seguimiento del rendimiento capacitan a las empresas para mantenerse competitivas en el panorama de marketing centrado en datos actual.

Configuración de herramientas de análisis (Google Analytics, etc.)

La configuración de herramientas de análisis, como Google Analytics, es esencial para que las empresas obtengan información valiosa sobre el rendimiento del sitio web, el comportamiento del usuario y el seguimiento de conversiones. A continuación, se presentan los pasos para configurar herramientas de análisis:

Crear una cuenta

Visite el sitio web de la herramienta de análisis que desea utilizar, como Google Analytics (analytics.google.com), y cree una cuenta proporcionando la información necesaria.

Configurar una propiedad

Una vez que tenga una cuenta, configure una nueva propiedad para su sitio web dentro de la herramienta de análisis. Proporcione detalles como la URL del sitio web, la categoría de la industria y la zona horaria.

Obtener el código de seguimiento

Después de configurar la propiedad, la herramienta de análisis le proporcionará un fragmento de código de seguimiento. Este código debe agregarse a cada página de su sitio web para recopilar datos. Copie el código de seguimiento proporcionado por la herramienta de análisis.

Agregar el código de seguimiento a su sitio web

Inserte el código de seguimiento en el HTML de su sitio web. El código debe colocarse justo antes de la etiqueta de cierre </head> en cada página de su sitio web. Esto permite que la herramienta de análisis recopile datos sobre las interacciones de los usuarios y el rendimiento del sitio web.

Configurar objetivos y seguimiento de conversiones

Configure objetivos dentro de la herramienta de análisis para realizar un seguimiento de acciones específicas en su sitio web que indiquen conversiones, como envíos de formularios, compras o suscripciones al boletín. Configure el seguimiento de conversiones para medir y atribuir estas acciones a sus esfuerzos de marketing de manera precisa.

Habilitar el seguimiento de comercio electrónico (si corresponde)

Si su sitio web incluye una plataforma de comercio electrónico, habilite el seguimiento de comercio electrónico en la herramienta de análisis. Esta función le permite realizar un seguimiento de los ingresos, las transacciones y otras métricas específicas de comercio electrónico para evaluar el rendimiento de su tienda en línea.

Personalización de informes y paneles de control

Adapta la configuración de informes y paneles de control dentro de la herramienta de análisis para centrarte en las métricas que son más relevantes para tu negocio. Crea informes personalizados, configura informes automáticos por correo electrónico y construye paneles personalizados para monitorear los indicadores clave de rendimiento (KPI) alineados con tus objetivos de marketing.

Enlaza otras plataformas (si corresponde)

Integra otras plataformas, como plataformas de publicidad o herramientas de marketing por correo electrónico, con tu herramienta de análisis para recopilar datos e información completa. Esta vinculación te permite realizar un seguimiento y analizar la efectividad de tus campañas de marketing de manera integral.

Configura filtros y segmentación de datos

Utiliza filtros y características de segmentación de datos dentro de la herramienta de análisis para refinar tu análisis de datos. Los filtros pueden excluir el tráfico interno o incluir segmentos específicos, mientras que la segmentación te permite analizar datos según la demografía del usuario, el comportamiento o las fuentes de tráfico.

Prueba y verifica la implementación

Después de configurar la herramienta de análisis y agregar el código de seguimiento, verifica que la implementación funcione correctamente. Visita tu sitio web y asegúrate de que los datos se estén capturando en la interfaz de informes de la herramienta de análisis. Realiza conversiones de prueba para confirmar que los objetivos y el seguimiento de conversiones funcionen como se esperaba.

Monitorea y analiza regularmente los datos

Una vez que la configuración esté completa, monitorea y analiza regularmente los datos proporcionados por la herramienta de análisis. Evalúa las métricas clave, sigue las tendencias y obtén información sobre el comportamiento de los usuarios para tomar decisiones informadas y optimizar tus estrategias de marketing.

Configurar herramientas de análisis como Google Analytics requiere atención cuidadosa a los detalles y un monitoreo continuo para garantizar la recopilación y el análisis precisos de los datos. Al implementar estas herramientas, las empresas pueden obtener información valiosa para mejorar el rendimiento del sitio web, optimizar los esfuerzos de marketing y obtener mejores resultados.

Análisis de métricas clave e interpretación de datos

Analizar las métricas clave e interpretar los datos es un paso crucial para aprovechar las ideas proporcionadas por las herramientas de análisis. Al comprender e interpretar los datos, las empresas pueden obtener información valiosa sobre el rendimiento de sus campañas de marketing y tomar decisiones informadas para optimizar sus estrategias. A continuación, se presentan los pasos involucrados en el análisis de métricas clave e interpretación de datos de manera efectiva:

Identificar las métricas relevantes

Comienza identificando las métricas clave que se alinean con los objetivos de tu campaña y metas empresariales. Estas pueden incluir métricas como el tráfico del sitio web, tasas de conversión, tasas de participación, tasas de clics, tasas de rebote o ingresos generados. Concéntrate en las métricas que brinden los conocimientos más significativos sobre tus objetivos específicos.

Establecer puntos de referencia y metas

Establece puntos de referencia y metas para cada métrica con el fin de proporcionar contexto para tu análisis. Esto te permitirá comparar el rendimiento actual con el rendimiento pasado o los estándares de la industria. Puntos de referencia y metas claras te permitirán evaluar la efectividad de tus esfuerzos de marketing y realizar un seguimiento de los avances a lo largo del tiempo.

Segmentar los datos

La segmentación de datos te permite analizar el rendimiento en función de criterios específicos, como la demografía, las fuentes de tráfico o el comportamiento del usuario. Al segmentar los datos, puedes identificar patrones, tendencias y oportunidades dentro de los diferentes segmentos de tu audiencia. Este análisis ayuda a adaptar tus estrategias de marketing a segmentos de audiencia específicos para una mejor segmentación y participación.

Realizar un análisis comparativo

Compara los datos en diferentes períodos de tiempo, campañas o segmentos para identificar tendencias, patrones y áreas de mejora. El análisis comparativo te ayuda a comprender el impacto de iniciativas de marketing específicas, identificar estrategias exitosas y tomar decisiones basadas en datos para futuras campañas.

Buscar correlaciones y causalidades

Identifica correlaciones entre diferentes métricas y determina causalidades para comprender cómo una métrica puede afectar a otra. Por ejemplo, analiza cómo los cambios en el tráfico del sitio web pueden influir en las tasas de conversión o cómo las variaciones en el gasto publicitario afectan los ingresos. Comprender estas relaciones puede guiar la toma de decisiones estratégicas y optimizar el rendimiento de la campaña.

Recuerda que el análisis de métricas clave e interpretación de datos efectivos requiere una atención cuidadosa y una comprensión sólida de los objetivos de tu campaña. Al seguir estos pasos y realizar un análisis continuo, puedes obtener información valiosa para mejorar el rendimiento de tus campañas de marketing.

Utilizar técnicas de visualización

Visualiza los datos mediante gráficos, tablas o paneles para facilitar su interpretación e identificar tendencias. Las representaciones visuales de los datos ayudan a identificar patrones, valores atípicos y áreas de enfoque de manera más efectiva que los números en bruto. Las técnicas de visualización facilitan la narración basada en datos y permiten comunicar los conocimientos dentro de tu organización de manera más sencilla.

Busca contexto y factores externos

Considera los factores externos que pueden haber influido en los datos, como la estacionalidad, las tendencias del mercado o eventos específicos. Comprender el contexto externo ayuda a proporcionar una interpretación más completa de los datos y permite una toma de decisiones más precisa.

Itera y optimiza

Analiza e interpreta los datos de manera continua para identificar áreas de optimización. Utiliza los conocimientos adquiridos para refinar tus estrategias de marketing, probar nuevos enfoques y mejorar el rendimiento de tus campañas. Revisa y itera regularmente tus estrategias en función de los conocimientos basados en datos para impulsar la mejora continua.

Aplica los conocimientos a la toma de decisiones

Por último, traduce los conocimientos adquiridos del análisis de datos en estrategias y tácticas concretas. Utiliza los conocimientos para guiar tus decisiones de marketing, asignar recursos de manera eficaz y optimizar tus campañas para obtener mejores resultados.

Al analizar las métricas clave e interpretar los datos de manera efectiva, las empresas pueden obtener conocimientos prácticos para mejorar sus estrategias de marketing y obtener mejores resultados. El análisis e interpretación regulares de los datos ayudan a identificar tendencias, descubrir oportunidades y tomar decisiones basadas en datos que conducen a campañas optimizadas y un mayor retorno de la inversión.

Tomar decisiones basadas en datos para la mejora continua

Tomar decisiones basadas en datos para la mejora continua es un proceso fundamental en el marketing moderno. Al aprovechar las ideas obtenidas de los datos, las empresas pueden optimizar sus estrategias, mejorar las experiencias de los clientes y lograr mejores resultados. A continuación, se presentan los pasos para tomar decisiones basadas en datos para la mejora continua:

Definir objetivos claros

Comienza por definir claramente tus objetivos y los indicadores clave de rendimiento (KPI) basados en tus metas comerciales. Estos objetivos deben ser específicos, medibles, alcanzables, relevantes y con un límite de tiempo (SMART). Los objetivos claros proporcionan un marco para analizar los datos y evaluar el rendimiento.

Recopilar datos relevantes

Reúne datos relevantes de diversas fuentes, como herramientas de análisis, encuestas a clientes, escucha en redes sociales e informes de ventas. Asegúrate de que los datos recopilados se alineen con los objetivos definidos y ayuden a responder preguntas específicas sobre tus esfuerzos de marketing.

Analizar e interpretar los datos

Analiza los datos recopilados para identificar patrones, tendencias e ideas. Utiliza técnicas de visualización de datos, como gráficos y tableros de control, para facilitar la interpretación y comunicación de los hallazgos. Busca correlaciones, causaciones y anomalías dentro de los datos para obtener una comprensión más profunda del rendimiento.

Comparar con referentes

Compara tus datos con referentes establecidos, estándares de la industria o rendimientos anteriores para evaluar el progreso e identificar áreas de mejora. La comparación con referentes ayuda a proporcionar contexto y resalta las áreas en las que tus esfuerzos de marketing se destacan o se quedan atrás.

Identificar oportunidades y desafíos

Utiliza las ideas obtenidas de los datos para identificar oportunidades de optimización y áreas en las que existen desafíos. Identifica fortalezas que se puedan aprovechar y debilidades que requieran mejoras. Determina dónde se pueden realizar cambios para mejorar el rendimiento y lograr mejores resultados.

Generar hipótesis

En base a las ideas obtenidas de los datos y las oportunidades identificadas, genera hipótesis o suposiciones sobre acciones o cambios potenciales que podrían conducir a mejoras. Estas hipótesis deben basarse en ideas obtenidas de los datos y estar alineadas con tus objetivos.

Probar y experimentar

Diseña experimentos o pruebas para validar las hipótesis y recopilar más datos. Esto puede implicar pruebas A/B de diferentes estrategias de marketing, modificaciones en los elementos del sitio web o probar nuevos canales publicitarios. Los experimentos controlados te permiten medir el impacto de cambios específicos y evaluar su efectividad.

Monitorear y medir los resultados

Monitorea y mide continuamente los resultados de tus experimentos o cambios. Recopila datos sobre el rendimiento de diferentes variantes o enfoques para evaluar su impacto en los KPI definidos. Esta medición continua ayuda a validar la efectividad de tus decisiones y guía ajustes adicionales.

Iterar y optimizar

Basado en los resultados e ideas obtenidas, itera y optimiza tus estrategias de marketing. Toma decisiones basadas en datos para refinar tus enfoques, descartar tácticas ineficaces y priorizar iniciativas de alto rendimiento. Realiza pruebas, mide y ajusta continuamente para impulsar la mejora continua.

Comunicar y alinear

Comunica las ideas y hallazgos obtenidos del análisis de datos a las partes interesadas clave dentro de tu organización. Asegúrate de que los responsables de tomar decisiones y los miembros del equipo estén alineados con el enfoque basado en datos y comprendan la justificación detrás de los cambios estratégicos. Fomenta una cultura de toma de decisiones basada en datos en toda la organización.

Siguiendo estos pasos, las empresas pueden aprovechar el poder de los datos para tomar decisiones informadas, optimizar sus esfuerzos de marketing y lograr mejoras continuas. Adopta un ciclo de recopilación de datos, análisis, experimentación y optimización para obtener mejores resultados con el tiempo. La toma de decisiones basada en datos fomenta una cultura de agilidad, adaptabilidad e innovación, lo que lleva a estrategias de marketing mejoradas y éxito a largo plazo.

Capítulo 11

Tendencias Emergentes y Futuro del Marketing Digital

El Capítulo 11 explora el emocionante mundo de las tendencias emergentes y el futuro del marketing digital. A medida que la tecnología continúa evolucionando y los comportamientos de los consumidores cambian, las empresas deben mantenerse a la vanguardia para seguir siendo competitivas y lograr el éxito en el panorama digital.

Inteligencia Artificial (IA) y Aprendizaje Automático

La Inteligencia Artificial (IA) y el Aprendizaje Automático están revolucionando el panorama del marketing digital. Las herramientas y algoritmos impulsados por IA permiten a las empresas automatizar tareas, analizar grandes cantidades de datos y ofrecer experiencias personalizadas a los clientes. Desde chatbots y asistentes virtuales hasta análisis predictivos y motores de recomendación, la IA y el Aprendizaje Automático están transformando la forma en que las empresas interactúan con su audiencia y optimizan las estrategias de marketing.

Búsqueda por Voz y Altavoces Inteligentes

El auge de la búsqueda por voz y los altavoces inteligentes, como Amazon Echo o Google Home, está cambiando la forma en que los consumidores interactúan con la tecnología. Los asistentes activados por voz se han convertido en una parte integral de la vida de las personas, y las empresas deben adaptar sus estrategias de marketing digital para dar cabida a este cambio. Optimizar el contenido para la búsqueda por voz, desarrollar publicidad basada en voz y crear experiencias fluidas habilitadas por voz son consideraciones clave para el futuro del marketing digital.

Realidad Aumentada (RA) y Realidad Virtual (RV)

La Realidad Aumentada (RA) y la Realidad Virtual (RV) ofrecen experiencias inmersivas que acortan la brecha entre el mundo digital y físico. Las tecnologías de RA y RV se están utilizando cada vez más en el marketing digital para crear campañas interactivas y atractivas. Desde pruebas virtuales de productos hasta narración de historias de marca inmersivas, la RA y la RV tienen el potencial de cautivar a las audiencias y brindar experiencias de marca únicas.

Evolución del Marketing de Influencers

El marketing de influencers continúa evolucionando a medida que tanto las empresas como los consumidores se vuelven más exigentes. La autenticidad, la transparencia y las asociaciones a largo plazo se están volviendo fundamentales en las colaboraciones con influencers. Los microinfluencers, con sus audiencias de nicho altamente comprometidas, están ganando prominencia, y las empresas se centran en construir relaciones significativas con influencers que se alinean con los valores de su marca. A medida que el marketing de influencers madura, las empresas necesitan adaptar sus estrategias para garantizar conexiones genuinas y valor mutuo.

Personalización y Experiencia del Cliente

La personalización y la experiencia del cliente seguirán siendo fundamentales para el éxito del marketing digital. Los clientes esperan experiencias personalizadas que se adapten a sus

preferencias y necesidades. Al aprovechar los conocimientos
obtenidos a partir de los datos, las empresas pueden ofrecer
contenido personalizado, recomendaciones de productos y mensajes
específicos. Al comprender a su audiencia y brindar experiencias
excepcionales en todos los puntos de contacto, las empresas pueden
fomentar la fidelidad, impulsar la participación y obtener una
ventaja competitiva.

Privacidad y Protección de Datos

Las preocupaciones sobre la privacidad y las regulaciones de
protección de datos están remodelando el panorama del marketing
digital. Los consumidores están cada vez más conscientes de sus
derechos de datos y esperan transparencia y seguridad por parte de
las empresas. Regulaciones más estrictas, como el Reglamento
General de Protección de Datos (GDPR) y la Ley de Privacidad del
Consumidor de California (CCPA), requieren que las empresas
manejen los datos personales de manera responsable. Cumplir con
las directrices de privacidad y adoptar prácticas transparentes de
datos será crucial para mantener la confianza del consumidor y el
cumplimiento normativo.

Enfoque Móvil y Aplicaciones Web Progresivas

Los dispositivos móviles se han convertido en la puerta de
entrada principal al mundo digital, y un enfoque móvil es
fundamental para el éxito del marketing digital. Optimizar sitios
web y aplicaciones para dispositivos móviles, crear experiencias de
usuario fluidas y adoptar tecnologías de Aplicaciones Web
Progresivas (PWA) permite a las empresas interactuar de manera
efectiva con los usuarios en sus dispositivos móviles. Los pagos
móviles, el marketing basado en la ubicación y la publicidad

centrada en dispositivos móviles continuarán dando forma al futuro del marketing digital.

Toma de Decisiones Basada en Datos y Análisis de Marketing

La toma de decisiones basada en datos y el análisis de marketing seguirán siendo fundamentales en las estrategias de marketing digital. A medida que aumenta el volumen de datos, las empresas deben aprovechar las herramientas de análisis e interpretar los datos para obtener conocimientos accionables. Técnicas avanzadas de análisis, como el análisis predictivo y el mapeo del recorrido del cliente, impulsarán las estrategias de marketing, optimizarán las campañas y mejorarán las experiencias del cliente.

Al abrazar las tendencias emergentes y comprender el futuro del marketing digital, las empresas pueden mantenerse a la vanguardia y aprovechar nuevas oportunidades. Adaptarse a los avances tecnológicos, priorizar la personalización y la experiencia del cliente, cumplir con las regulaciones de privacidad y aprovechar los conocimientos obtenidos a partir de los datos serán clave para prosperar en el panorama digital en constante evolución.

Explorar las últimas tendencias y tecnologías

Explorar las últimas tendencias y tecnologías es esencial para que las empresas se mantengan competitivas y aprovechen todo el potencial del marketing digital. En este paisaje en constante evolución, mantenerse al día con las últimas tendencias y adoptar tecnologías emergentes puede brindar a las empresas una ventaja significativa. Aquí se presentan algunas de las últimas tendencias y tecnologías que están dando forma al panorama del marketing digital:

Chatbots y Marketing Conversacional

Los chatbots impulsados por la Inteligencia Artificial (IA) están transformando las interacciones con los clientes. Brindan respuestas instantáneas, recomendaciones personalizadas y un soporte al cliente eficiente. El marketing conversacional, a través de chatbots o aplicaciones de mensajería, permite a las empresas interactuar con los clientes en tiempo real, ofrecer experiencias personalizadas y generar conversiones.

Marketing de Video y Transmisión en Vivo

El contenido de video continúa dominando las plataformas digitales, con el surgimiento de plataformas como YouTube, TikTok e Instagram Reels. Las empresas utilizan el marketing de video para contar historias convincentes, mostrar productos y captar la atención de las audiencias. La transmisión en vivo también ha ganado popularidad, permitiendo a las empresas conectarse con su audiencia en tiempo real, organizar eventos en vivo y brindar experiencias interactivas.

Contenido Generado por el Usuario (UGC)

El contenido generado por los usuarios se ha convertido en una poderosa herramienta de marketing. Alentar a los clientes a crear y compartir contenido relacionado con una marca o producto construye autenticidad, confianza y prueba social. Las campañas de UGC, como hashtags o concursos, generan participación, amplían el alcance de la marca y fomentan un sentido de comunidad.

Evolución del Marketing de Influencers

El marketing de influencers continúa evolucionando, con un cambio hacia asociaciones a largo plazo y colaboraciones auténticas con las marcas. Los microinfluencers, con sus audiencias de nicho y tasas de participación más altas, están ganando importancia. Las marcas se centran en conexiones genuinas, se alinean con los influencers que comparten sus valores y co-crean contenido significativo.

Personalización y Hipersegmentación

Los clientes esperan experiencias personalizadas, y la hipersegmentación permite a las empresas ofrecer contenido relevante a audiencias específicas. Utilizando información y análisis de datos, las empresas pueden segmentar su audiencia, brindar recomendaciones personalizadas y adaptar mensajes en función de las preferencias y comportamientos individuales.

Optimización de Búsqueda por Voz

La creciente prevalencia de asistentes activados por voz, como Amazon Alexa y Google Assistant, ha llevado al crecimiento de la búsqueda por voz. Optimizar el contenido para las consultas de búsqueda por voz y comprender el procesamiento del lenguaje natural es crucial para que las empresas aparezcan en los resultados de búsqueda por voz y ofrezcan experiencias amigables para la voz.

Realidad Aumentada (AR) y Realidad Virtual (VR)

Las tecnologías de AR y VR están transformando las experiencias digitales. Las marcas utilizan AR para pruebas virtuales, visualizaciones de productos y narración de historias de marca inmersivas. La VR se emplea en recorridos virtuales, eventos y experiencias interactivas. Estas tecnologías mejoran la participación, brindan experiencias de marca únicas y acercan el mundo físico y digital.

Comercio Social

Las plataformas de redes sociales están evolucionando hacia ser centros de comercio electrónico, lo que permite a las empresas vender productos directamente dentro de las aplicaciones de redes sociales. Las características de comercio social, como publicaciones comprables y pago dentro de la aplicación, agilizan el proceso de compra, aumentan las conversiones y brindan una experiencia de compra fluida.

Privacidad y Seguridad de Datos

Con la creciente preocupación por la privacidad de los datos, las empresas deben priorizar la seguridad y el uso ético de los datos de los clientes. Cumplir con las regulaciones de protección de datos, obtener el consentimiento y aplicar medidas de seguridad sólidas es fundamental para mantener la confianza del cliente y cumplir con los requisitos legales.

Inteligencia Artificial (IA) para Automatización y Personalización

Las herramientas y algoritmos impulsados por IA automatizan procesos, analizan datos y permiten la personalización a gran escala. La IA puede automatizar campañas de correo electrónico, personalizar recomendaciones de contenido y optimizar la segmentación de anuncios, mejorando la eficiencia y brindando experiencias personalizadas a los clientes.

Explorar estas últimas tendencias y tecnologías permite a las empresas identificar oportunidades, interactuar efectivamente con los clientes y fomentar la innovación en sus estrategias de marketing digital. Al adoptar estas tendencias y aprovechar las tecnologías emergentes, las empresas pueden mantenerse a la vanguardia y prosperar en el siempre cambiante panorama digital.

Preparación para cambios futuros en el panorama del marketing digital

Prepararse para los cambios futuros en el panorama del marketing digital es crucial para garantizar que las empresas sean ágiles, adaptables y competitivas. A medida que avanza la tecnología, cambian los comportamientos de los consumidores y evolucionan las dinámicas del mercado, es esencial anticipar y responder de manera proactiva a estos cambios. Aquí hay algunas estrategias para prepararse para los cambios futuros en el panorama del marketing digital:

Manténgase informado y participe en aprendizaje continuo

Busque activamente conocimientos sobre las últimas tendencias, tecnologías y conocimientos de la industria. Manténgase actualizado sobre las últimas noticias, asista a conferencias de la industria, participe en webinars y interactúe con líderes de pensamiento. Adopte una mentalidad de aprendizaje continuo para mantenerse a la vanguardia y identificar los cambios futuros en el panorama del marketing digital.

Fomente una cultura innovadora

Fomente un entorno que promueva la innovación y la experimentación dentro de su organización. Cultive una cultura que abrace el cambio, acoja nuevas ideas y anime a los miembros del equipo a explorar estrategias innovadoras. Fomente la colaboración entre los departamentos para generar perspectivas frescas y fomentar la innovación.

Adopte la toma de decisiones basada en datos

Invierta en herramientas de análisis sólidas, desarrolle capacidades basadas en datos y establezca procesos para recopilar, analizar e interpretar datos. Aproveche las ideas que brindan los datos para tomar decisiones fundamentadas, identificar tendencias y descubrir oportunidades. Adopte una cultura de toma de decisiones basada en datos para optimizar las estrategias de marketing y obtener mejores resultados.

Enfatice la orientación al cliente

Coloque al cliente en el centro de sus esfuerzos de marketing digital. Invierta en comprender las necesidades, preferencias y comportamientos de los clientes a través de investigaciones de mercado, encuestas y comentarios de los clientes. Anticipe las expectativas de los clientes y alinee sus estrategias para ofrecer experiencias excepcionales en todos los puntos de contacto.

Desarrolle un enfoque de marketing ágil

Adopte un enfoque de marketing ágil que le permita responder rápidamente a los cambios del mercado y adaptar sus estrategias en consecuencia. Abrace la planificación iterativa, las pruebas frecuentes y la capacidad de pivotar según los datos y los comentarios de los clientes. Enfatice la flexibilidad y la agilidad en sus operaciones de marketing.

Aproveche la automatización y la inteligencia artificial (IA)

Explore el potencial de las tecnologías de automatización e IA para optimizar los procesos de marketing, mejorar la eficiencia y brindar experiencias personalizadas a gran escala. Automatice tareas repetitivas, aproveche los algoritmos de IA para el análisis de datos y utilice chatbots impulsados por IA para la interacción con los clientes. Manténgase informado sobre las soluciones de automatización e IA emergentes que pueden beneficiar sus esfuerzos de marketing.

Construya alianzas sólidas

Fomente alianzas estratégicas con proveedores de tecnología, agencias y expertos de la industria que puedan ayudarlo a navegar los cambios futuros en el panorama del marketing digital. Colabore con socios que aporten experiencia especializada y soluciones innovadoras para mantenerse a la vanguardia de las últimas tendencias y tecnologías.

Anticipe los cambios normativos

Manténgase informado sobre las regulaciones en constante evolución sobre privacidad de datos y asegúrese de cumplir con las leyes relevantes. Anticipe posibles cambios en las regulaciones de protección de datos y privacidad que puedan afectar sus estrategias de marketing. Adopte prácticas transparentes de datos y priorice la privacidad del consumidor para mantener la confianza y construir relaciones a largo plazo con los clientes.

Monitoree a los competidores y las tendencias de la industria

Observe de cerca las actividades de sus competidores y las tendencias de la industria. Monitoree sus estrategias de marketing digital, nuevas iniciativas y enfoques de participación de los clientes. Aprenda de sus éxitos y fracasos, adapte las estrategias según las dinámicas del mercado y diferencie su marca para mantenerse por delante de la competencia.

Fomente una infraestructura digital ágil

Asegúrese de que su infraestructura digital sea escalable, adaptable y capaz de acomodar los avances tecnológicos futuros. Invierta en sistemas de gestión de contenido robustos, soluciones de alojamiento escalables y marcos tecnológicos flexibles que puedan admitir la integración de nuevas herramientas y plataformas.

Al prepararse para los cambios futuros en el panorama del marketing digital, las empresas pueden posicionarse para el éxito en un entorno en constante cambio. Al mantenerse informado, fomentar la innovación, aprovechar los datos y centrarse en el cliente, las empresas pueden adaptarse de manera proactiva a las tendencias y tecnologías emergentes, lo que les permite prosperar en el mercado digital.

Aprovechar el poder de la inteligencia artificial y la automatización

Aprovechar el poder de la inteligencia artificial (IA) y la automatización se ha vuelto cada vez más importante en el panorama del marketing digital. Las tecnologías de IA y automatización ofrecen a las empresas la capacidad de agilizar procesos, optimizar campañas y ofrecer experiencias personalizadas a gran escala. Aquí tienes cómo las empresas pueden aprovechar la IA y la automatización en sus estrategias de marketing digital:

Análisis de datos e información

Las herramientas impulsadas por IA pueden analizar grandes cantidades de datos y extraer información valiosa. Los algoritmos de aprendizaje automático pueden identificar patrones, tendencias y correlaciones dentro de los conjuntos de datos, lo que permite a las empresas tomar decisiones basadas en datos. Al aprovechar la IA para el análisis de datos, las empresas pueden descubrir información práctica que impulsa las estrategias de marketing y optimiza el rendimiento de las campañas.

Personalización a gran escala

La IA y la automatización permiten a las empresas ofrecer experiencias personalizadas a los clientes a gran escala. Al

aprovechar los datos de los clientes, los algoritmos de IA pueden
segmentar a las audiencias, crear perfiles de clientes y entregar
mensajes y recomendaciones dirigidos. La personalización mejora la
participación de los clientes, aumenta las conversiones y fomenta la
lealtad a largo plazo.

Chatbots y asistentes virtuales

Los chatbots y asistentes virtuales impulsados por IA mejoran
las interacciones con los clientes y brindan soporte en tiempo real.
Estos sistemas de chat inteligentes pueden manejar consultas de
clientes, ayudar con recomendaciones de productos y proporcionar
asistencia personalizada. Los chatbots ayudan a las empresas a
ofrecer respuestas instantáneas, mejorar la satisfacción del cliente y
liberar recursos humanos para tareas más complejas.

Automatización del marketing

Las plataformas de automatización del marketing permiten a las
empresas automatizar tareas y flujos de trabajo de marketing
repetitivos. Desde campañas de correo electrónico hasta la
programación en redes sociales, la automatización agiliza los
procesos, ahorra tiempo y garantiza un mensaje consistente en todos
los canales. Las empresas pueden crear trayectorias de clientes
personalizadas, nutrir clientes potenciales y activar comunicaciones
relevantes según el comportamiento del usuario.

Análisis predictivo

El análisis predictivo impulsado por IA ayuda a las empresas a
anticipar el comportamiento, las tendencias y los resultados de los
clientes. Al analizar datos históricos, los modelos predictivos
pueden pronosticar las preferencias futuras de los clientes,
identificar clientes potenciales de alto valor y optimizar las
estrategias de marketing. El análisis predictivo permite a las

empresas tomar decisiones proactivas y realizar acciones estratégicas para obtener mejores resultados.

Creación y curación de contenido

La tecnología de IA puede ayudar en la creación y curación de contenido. Los algoritmos de procesamiento del lenguaje natural (NLP) pueden generar contenido escrito, automatizar publicaciones en redes sociales y personalizar recomendaciones de contenido según las preferencias del usuario. Las herramientas de IA también pueden curar contenido relevante de diversas fuentes, ahorrando tiempo y esfuerzo en la búsqueda de contenido.

Optimización de anuncios

Los algoritmos impulsados por IA pueden optimizar las campañas de publicidad digital en tiempo real. Estos algoritmos analizan el comportamiento del usuario, el rendimiento de la campaña y las tendencias del mercado para ajustar las estrategias de oferta, dirigir segmentos de audiencia específicos y asignar el gasto en publicidad de manera más efectiva. La optimización de anuncios impulsada por IA maximiza el retorno de la inversión y mejora la precisión en la segmentación de anuncios.

Búsqueda por voz y SEO

Las tecnologías de IA juegan un papel importante en la optimización de búsqueda por voz. El procesamiento del lenguaje natural permite que los motores de búsqueda comprendan mejor las consultas habladas, y las empresas pueden aprovechar la IA para optimizar el contenido de sus sitios web para la búsqueda por voz. Al integrar estrategias de búsqueda por voz en sus esfuerzos de SEO, las empresas pueden capturar el tráfico de búsqueda basado en voz y mejorar su visibilidad.

Gestión de redes sociales

Las herramientas de IA ayudan en la gestión de redes sociales al analizar el rendimiento del contenido, sugerir los mejores momentos para publicar y automatizar las respuestas en redes sociales. Los algoritmos de IA también pueden identificar temas populares, análisis de sentimientos y análisis de competidores, brindando información para optimizar las estrategias en redes sociales.

Información y análisis de los clientes

Las herramientas de análisis de sentimientos impulsadas por IA ayudan a las empresas a monitorear conversaciones en redes sociales, reseñas de clientes y menciones en línea. Al analizar el sentimiento, las empresas obtienen información sobre la percepción de los clientes, los comentarios y la reputación de la marca. Las herramientas de IA permiten a las empresas identificar tendencias emergentes, abordar rápidamente las preocupaciones de los clientes y participar proactivamente con su audiencia.

Al aprovechar el poder de la IA y la automatización, las empresas pueden agilizar procesos, obtener información valiosa, mejorar la personalización y optimizar sus estrategias de marketing digital. Al adoptar estas tecnologías, las empresas pueden ofrecer experiencias excepcionales a los clientes, obtener mejores resultados y mantenerse competitivas en el siempre cambiante panorama digital.

Capítulo 12

Creación de un Plan de Marketing Digital Accionable

El Capítulo 12 se enfoca en la creación de un plan de marketing digital accionable que se alinee con los objetivos comerciales y permita a las empresas alcanzar sus metas de marketing de manera efectiva. Un plan de marketing digital bien estructurado y completo proporciona una hoja de ruta para implementar estrategias, asignar recursos y medir el éxito. Aquí te mostramos cómo las empresas pueden crear un plan de marketing digital accionable:

Definir Objetivos y Resultados Clave (OKR)

Comienza por definir claramente tus objetivos de marketing y los resultados clave. Estos objetivos deben ser específicos, medibles, alcanzables, relevantes y limitados en el tiempo (SMART, por sus siglas en inglés). Alinea tus objetivos con tus metas comerciales generales para asegurarte de que tus esfuerzos de marketing digital contribuyan a la estrategia organizativa más amplia. Establece métricas clave para realizar un seguimiento del progreso y medir el éxito.

Realizar Investigación de Mercado y Análisis de Clientes

Realiza una investigación de mercado exhaustiva para comprender tu mercado objetivo, las tendencias de la industria y el panorama competitivo. Analiza el comportamiento, las preferencias y los puntos de dolor de tus clientes para adaptar tus estrategias de marketing en consecuencia. Identifica oportunidades de mercado, tendencias emergentes y posibles desafíos que puedan afectar tu plan de marketing digital. Un conocimiento profundo de tu público objetivo informará tus mensajes, canales y tácticas.

Desarrollar Personas de Compradores Objetivo

Crea personas detalladas de compradores que representen a tus clientes ideales. Estas personas son representaciones ficticias de tu público objetivo, que incluyen información demográfica, motivaciones, desafíos y canales de comunicación preferidos. El desarrollo de personas de compradores te ayuda a comprender las necesidades de tus clientes, personalizar tus mensajes de marketing y interactuar con ellos de manera más efectiva.

Establecer Estrategias y Tácticas

En base a tus objetivos, investigación de mercado y personas de compradores, desarrolla estrategias y tácticas para alcanzar a tu público objetivo y lograr tus metas de marketing. Define los canales y plataformas que utilizarás para conectarte con tu audiencia, como redes sociales, marketing por correo electrónico, marketing de contenidos o publicidad de pago. Determina los temas de contenido, los mensajes y los elementos creativos que resonarán con tu público objetivo y generarán participación.

Asignar Recursos

Identifica los recursos necesarios para ejecutar tu plan de marketing digital de manera efectiva. Esto incluye recursos humanos, asignación de presupuesto y infraestructura tecnológica. Determina los roles y responsabilidades de tu equipo de marketing, establece un presupuesto para las actividades de marketing e invierte en las herramientas y tecnologías necesarias para respaldar tu plan. Alinea tus recursos con tus objetivos y prioriza las actividades que tendrán el mayor impacto en tus metas de marketing.

Crear una Estrategia de Contenido

Desarrolla una estrategia de contenido que se alinee con tu público objetivo, objetivos y canales. Define los tipos de contenido que crearás, como publicaciones de blog, videos, infografías o estudios de caso. Determina la frecuencia y los canales de distribución para tu contenido. Incorpora las mejores prácticas de SEO para asegurarte de que tu contenido sea fácilmente descubrible y genere tráfico orgánico a tu sitio web. Considera la posibilidad de reutilizar y adaptar el contenido en diferentes canales para maximizar su alcance.

Implementar Automatización de Marketing

Utiliza herramientas y tecnologías de automatización de marketing para agilizar y automatizar tareas repetitivas. La automatización puede ayudar con el marketing por correo electrónico, el cultivo de leads, la programación de redes sociales y el análisis de datos. Implementar la automatización de marketing te permite ofrecer experiencias personalizadas a gran escala, mejorar la eficiencia y medir la efectividad de tus campañas.

Monitorear, Medir y Optimizar

Establece un sistema para monitorear y medir el desempeño de tus esfuerzos de marketing digital. Realiza un seguimiento regular de las métricas clave, como el tráfico del sitio web, las tasas de conversión, los niveles de participación y el retorno de la inversión (ROI). Utiliza herramientas de análisis y paneles de control para obtener información sobre el desempeño de tus campañas. Optimiza continuamente tus estrategias y tácticas en función de los resultados y los conocimientos obtenidos.

Determinar los Canales y Tácticas de Marketing Digital

Con base en tu investigación de mercado y las personas de compradores, identifica los canales y tácticas de marketing digital que sean más relevantes para tu público objetivo. Considera canales como el marketing en motores de búsqueda, el marketing en redes sociales, el marketing por correo electrónico, el marketing de contenidos y las asociaciones con influencers. Selecciona los canales y tácticas que se alineen con tus objetivos, resuenen con tu audiencia y brinden las mejores oportunidades para alcanzar e involucrar a tu mercado objetivo.

Establecer Presupuesto y Asignar Recursos

Determina tu presupuesto de marketing digital y asigna recursos en consecuencia. Considera los costos asociados con diferentes canales, herramientas, campañas publicitarias, creación de contenido y personal. Asigna recursos en función de los canales y tácticas que sean más efectivos para llegar a tu público objetivo y lograr los resultados deseados. Monitorea y ajusta continuamente la asignación de tu presupuesto según sea necesario en función del rendimiento y el retorno de la inversión (ROI).

Desarrollar Estrategia de Contenido y Calendario Editorial

Crea una estrategia de contenido que se alinee con tus objetivos, público objetivo y canales digitales. Determina los tipos de contenido que resonarán con tu audiencia, como publicaciones de blog, videos, infografías o podcasts. Desarrolla un calendario editorial que describa la creación de contenido, las fechas de publicación y la distribución en diferentes canales. Asegúrate de que tu contenido sea valioso, atractivo y esté optimizado para los motores de búsqueda para generar tráfico orgánico y participación de la audiencia.

Implementar Estrategias de Optimización de Conversión

Enfócate en optimizar tus activos digitales y embudos de conversión para maximizar las conversiones. Implementa estrategias como pruebas A/B, optimización de sitios web, optimización de páginas de destino y optimización de llamadas a la acción. Analiza y perfecciona continuamente tu proceso de conversión para mejorar la experiencia del usuario, reducir la fricción y aumentar las tasas de conversión.

Establecer Indicadores Clave de Desempeño (KPI) y Plan de Medición

Define indicadores clave de desempeño (KPI) que se alineen con tus objetivos y realicen un seguimiento del éxito de tus esfuerzos de marketing digital. Las métricas pueden incluir el tráfico del sitio web, las tasas de conversión, las métricas de participación, los costos de adquisición de clientes o el retorno de la inversión en publicidad. Desarrolla un plan de medición que describa cómo recopilarás, analizarás e informarás sobre estas métricas. Utiliza herramientas de análisis y paneles de control para monitorear y rastrear tu desempeño de manera regular.

Evaluar y Ajustar Regularmente

Evalúa regularmente el desempeño de tus esfuerzos de marketing digital en función de los KPI definidos. Analiza los datos, revisa los insights y mide los resultados para identificar áreas de éxito y áreas de mejora. Adapta y ajusta continuamente tus estrategias en función de los insights basados en datos, los cambios en el mercado y los comentarios de los clientes. Adopta un enfoque iterativo, prueba nuevas tácticas y optimiza tus campañas para impulsar la mejora continua.

Monitorear las Tendencias de la Industria y las Tecnologías Emergentes

Mantente al tanto de las tendencias de la industria, las tecnologías emergentes y los cambios en el comportamiento del consumidor. Monitorea constantemente los cambios en las plataformas de marketing digital, los algoritmos, las regulaciones y las preferencias de los clientes. Incorpora nuevas tendencias y tecnologías que se alineen con tus objetivos y tengan el potencial de mejorar tus esfuerzos de marketing digital.

Siguiendo estos pasos y creando un plan de marketing digital accionable, las empresas pueden ejecutar estratégicamente sus iniciativas de marketing, asignar recursos de manera efectiva y medir el éxito de sus esfuerzos. Un plan bien diseñado brinda orientación y dirección, asegurando que las empresas estén preparadas para navegar el dinámico panorama del marketing digital y alcanzar sus metas de marketing.

Unificar todos los elementos en un plan coherente

Unificar todos los elementos en un plan coherente es el paso final para crear una estrategia de marketing digital completa y accionable. Este proceso implica integrar los diversos componentes, alineándolos con los objetivos comerciales y creando un plan de implementación. Aquí te mostramos cómo las empresas pueden unificar todos los elementos en un plan coherente:

Comienza con un Resumen Ejecutivo Claro

Resume los componentes clave del plan de marketing digital en un resumen ejecutivo. Proporciona una visión general de los objetivos, el público objetivo, los canales seleccionados y los resultados esperados. Este resumen debe comunicar de manera concisa la esencia del plan a las partes interesadas y a los responsables de la toma de decisiones.

Delinea la Estrategia

Presenta un esquema detallado de la estrategia de marketing digital. Incluye secciones sobre investigación de mercado, personas compradoras, canales y tácticas seleccionadas, estrategia de contenido, optimización de la conversión y plan de medición. Cada sección debe establecer objetivos claros, pasos accionables y resultados esperados.

Define Roles y Responsabilidades

Define claramente los roles y responsabilidades de los miembros del equipo involucrados en la ejecución del plan de marketing digital. Asigna tareas y establece responsabilidad para garantizar una implementación efectiva. Describe los recursos necesarios, incluida la asignación presupuestaria y los requisitos tecnológicos.

Establece un Cronograma

Elabora un cronograma que describa los hitos clave, los entregables y los plazos para cada fase del plan de marketing digital. Este cronograma garantiza que el plan se implemente de manera oportuna y permite hacer un seguimiento del progreso a lo largo del proceso de implementación.

Intégralo con el Plan de Marketing General

Alinea el plan de marketing digital con la estrategia de marketing más amplia y los objetivos comerciales generales. Asegúrate de que los esfuerzos de marketing digital complementen y respalden otras iniciativas de marketing. Esta integración fomenta la coherencia en los mensajes, maximiza el impacto y mejora la efectividad general de los esfuerzos de marketing.

Monitorea y Evalúa

Establece un sistema para el monitoreo y la evaluación continuos del plan de marketing digital. Revisa regularmente los indicadores clave de rendimiento (KPI) y evalúa la efectividad de diferentes tácticas y canales. Identifica áreas de éxito y áreas que requieran ajustes u optimización. Toma decisiones basadas en datos para refinar el plan y lograr una mejora continua.

Comunica y Colabora

Fomenta la comunicación abierta y la colaboración entre los miembros del equipo involucrados en la ejecución del plan de marketing digital. Comparte regularmente actualizaciones de progreso, ideas y resultados. Fomenta la retroalimentación, las sesiones de lluvia de ideas y el intercambio de conocimientos para aprovechar la experiencia colectiva del equipo.

Mantente Ágil y Adáptate

Reconoce que el panorama del marketing digital es dinámico y está sujeto a cambios. Mantente informado sobre las tendencias emergentes, las tecnologías y los cambios en el comportamiento del consumidor. Adopta una mentalidad ágil, permitiendo flexibilidad y adaptación según sea necesario. Refina y optimiza continuamente el plan para aprovechar nuevas oportunidades y abordar desafíos en constante evolución.

Al unificar todos los elementos en un plan coherente, las
empresas pueden ejecutar de manera efectiva sus estrategias de
marketing digital, alinearlas con los objetivos comerciales y lograr el
éxito en el cambiante panorama digital. El plan coherente
proporciona una hoja de ruta para la implementación, facilita la
comunicación y la colaboración, y permite el monitoreo y la
optimización continuos para lograr los resultados deseados.

Presupuesto y asignación de recursos

La asignación de presupuesto y recursos es un componente
fundamental de un plan de marketing digital exitoso. La asignación
adecuada de recursos garantiza que las iniciativas de marketing se
ejecuten de manera efectiva y se alineen con la estrategia general del
negocio. Así es cómo las empresas pueden abordar la asignación de
presupuesto y recursos para sus esfuerzos de marketing digital:

Definir Objetivos de Presupuesto

Comienza por definir objetivos de presupuesto claros que se
alineen con tus objetivos comerciales generales. Considera los
resultados deseados de tu plan de marketing digital, como aumentar
el conocimiento de la marca, generar tráfico web, captar clientes
potenciales o impulsar las ventas. Estos objetivos guiarán tus
decisiones de asignación de presupuesto.

Evaluar los Recursos Disponibles

Evalúa los recursos disponibles para el marketing digital,
incluyendo personal, tecnología y recursos financieros. Toma en
cuenta la experiencia y habilidades de los miembros de tu equipo,
las herramientas y plataformas de marketing existentes y la
capacidad financiera de tu negocio. Evaluar los recursos disponibles

ayuda a determinar el alcance y la escala de tus iniciativas de marketing digital.

Priorizar Canales y Tácticas de Marketing

En base a tu público objetivo, investigación de mercado y objetivos comerciales, prioriza los canales y tácticas de marketing digital que generarán los mejores resultados. Asigna una parte de tu presupuesto a cada canal o táctica seleccionada, considerando su alcance potencial, efectividad y costo.

Considerar Costos Fijos y Variables

Diferencia entre costos fijos y variables en tu presupuesto de marketing digital. Los costos fijos son gastos recurrentes, como suscripciones de software o salarios, mientras que los costos variables dependen de las necesidades específicas de la campaña, como la inversión publicitaria o los costos de creación de contenido. Asignar recursos a costos fijos y variables te ayudará a gestionar y controlar los gastos de manera más efectiva.

Realizar Pruebas y Optimizar

Considera asignar una parte de tu presupuesto para pruebas y experimentación. Esto te permite probar nuevas estrategias, canales o tácticas a menor escala y evaluar su efectividad antes de escalar. Las pruebas ayudan a optimizar la asignación de tu presupuesto al enfocar los recursos en los enfoques más impactantes.

Considerar el Ciclo de Vida de las Campañas

Ten en cuenta el ciclo de vida de tus campañas de marketing digital al asignar recursos. Algunas campañas pueden requerir más recursos durante la fase inicial de lanzamiento, mientras que otras pueden requerir un mantenimiento y optimización continuos.

Asigna recursos en consecuencia para garantizar un apoyo continuo a lo largo del ciclo de vida de la campaña.

Monitorear y Ajustar

Monitorea regularmente el rendimiento de tus iniciativas de marketing digital y realiza un seguimiento del retorno de la inversión (ROI) de cada canal y táctica. Utiliza herramientas de análisis e informes para medir los indicadores clave de rendimiento (KPI) y evaluar la efectividad de la asignación de tu presupuesto. Con base en los conocimientos obtenidos, ajusta la asignación de tus recursos para optimizar tus esfuerzos de marketing.

Explorar Asociaciones y Externalización

Considera asociarte con agencias externas, freelancers o consultores para aprovechar la experiencia especializada y optimizar la asignación de recursos. Externalizar ciertas tareas o proyectos puede proporcionar ahorros de costos y acceso a una mayor variedad de habilidades y capacidades, permitiendo que tu equipo se enfoque en competencias centrales.

Mantener el Ritmo de las Tendencias de la Industria

Mantente informado sobre las tendencias de la industria en evolución, las tecnologías emergentes y los cambios en las plataformas de marketing digital. Asigna recursos a la investigación y capacitación para garantizar que tu equipo esté actualizado con los últimos avances. Invertir en aprendizaje y desarrollo asegura que tus recursos estén bien equipados para ejecutar estrategias de marketing digital efectivas.

Evaluar Continuamente el ROI

Evalúa regularmente el retorno de la inversión (ROI) de tus iniciativas de marketing digital. Evalúa el impacto de tus recursos asignados en el logro de tus objetivos de marketing. Al analizar el ROI, puedes tomar decisiones basadas en datos para optimizar la asignación de tu presupuesto y asignar recursos a los canales y tácticas que proporcionan el mayor ROI.

Una asignación de presupuesto y recursos efectiva es fundamental para maximizar el impacto de tus esfuerzos de marketing digital. Al alinear los recursos con los objetivos, monitorear el rendimiento y realizar ajustes basados en datos, las empresas pueden optimizar su asignación de presupuesto, obtener mejores resultados y alcanzar sus objetivos de marketing de manera eficiente.

Supervisión, prueba y optimización de estrategias.

El monitoreo, la prueba y la optimización de estrategias son componentes vitales de un plan de marketing digital exitoso. Al evaluar continuamente el rendimiento de tus iniciativas de marketing, probar nuevos enfoques y optimizar tus estrategias, puedes mejorar los resultados y maximizar el retorno de la inversión. Así es cómo las empresas pueden abordar el monitoreo, la prueba y la optimización de sus estrategias de marketing digital:

Establecer Indicadores Clave de Rendimiento (KPI)

Define KPI claros y medibles que se alineen con tus objetivos. Estos KPI pueden incluir el tráfico del sitio web, las tasas de conversión, las métricas de participación, los costos de adquisición de clientes o los ingresos generados. Establecer KPI proporciona un punto de referencia para evaluar el éxito de tus estrategias e identificar áreas de mejora.

Utilizar Herramientas de Análisis

Implementa herramientas de análisis robustas, como Google Analytics, para rastrear y analizar el rendimiento de tus esfuerzos de marketing digital. Estas herramientas brindan información valiosa sobre el comportamiento del usuario, las fuentes de tráfico, los embudos de conversión y el rendimiento de las campañas. Revisa regularmente tus datos de análisis para comprender las tendencias, identificar fortalezas y debilidades, y tomar decisiones basadas en datos.

Realizar Pruebas A/B

Las pruebas A/B, también conocidas como pruebas divididas, implican comparar dos versiones de una página web, anuncio o correo electrónico para determinar cuál funciona mejor. Prueba diferentes elementos, como titulares, llamados a la acción, visuales o diseños de páginas de destino. Analiza los resultados para identificar las variaciones ganadoras y optimizar tus activos de marketing en función de las preferencias del usuario.

Monitorear el Rendimiento del Embudo de Conversión

Evalúa la efectividad de tus embudos de conversión mediante el seguimiento de los recorridos de los usuarios e identificando áreas de abandono o fricción. Utiliza datos de análisis para identificar dónde los usuarios abandonan el embudo e implementa optimizaciones para mejorar las tasas de conversión. Simplifica la experiencia del usuario, simplifica los formularios y ofrece llamados a la acción claros para mejorar las tasas de conversión.

Recopilar y Actuar según la Retroalimentación de los Clientes

Busca activamente la retroalimentación de los clientes a través de encuestas, escucha en las redes sociales o interacciones con el servicio de atención al cliente. Presta atención a las preferencias de los clientes, los puntos débiles y las sugerencias de mejora. Aprovecha esta retroalimentación para refinar tus estrategias, abordar las inquietudes de los clientes y mejorar la experiencia general del cliente.

Mantener el Ritmo de las Tendencias de la Industria

Mantente informado sobre las últimas tendencias de la industria, tecnologías emergentes y cambios en el comportamiento del consumidor. Evalúa regularmente cómo estas tendencias pueden afectar a tu público objetivo y estrategias de marketing. Experimenta con nuevos canales, tácticas o tecnologías que se alineen con tus objetivos y tengan el potencial de generar mejores resultados.

Optimizar el Contenido para los Motores de Búsqueda

Optimiza continuamente el contenido de tu sitio web para los motores de búsqueda para mejorar la visibilidad orgánica y aumentar el tráfico. Realiza investigaciones de palabras clave, optimiza las etiquetas meta, mejora los tiempos de carga del sitio web y aumenta la amigabilidad para dispositivos móviles. Monitorea los rankings en los motores de búsqueda y ajusta tus estrategias de optimización para mantener la competencia y mejorar tu visibilidad.

Aprovechar el Remarketing

Implementa campañas de remarketing para volver a involucrar a los usuarios que han mostrado interés en tus productos o servicios. Dirígete a los usuarios que han visitado tu sitio web, abandonado sus carritos de compra o interactuado con contenido específico. Utiliza mensajes y ofertas personalizados para fomentar las conversiones y aumentar la retención de clientes.

Adoptar Prácticas de Marketing Ágil

Adopta un enfoque de marketing ágil que permita flexibilidad y ajustes rápidos. Evalúa continuamente el rendimiento de tus campañas, adapta tus estrategias en función de los conocimientos basados en datos y prioriza las iniciativas que ofrecen los mejores resultados. Las prácticas ágiles te permiten responder a los cambios del mercado, la retroalimentación de los clientes y las oportunidades emergentes de manera rápida.

Aprendizaje y Mejora Continuos

Fomenta una cultura de aprendizaje y mejora continua dentro de tu equipo de marketing. Anima al intercambio de conocimientos, asiste a eventos de la industria, participa en webinars y mantente actualizado con las últimas prácticas de marketing digital. Invierte en capacitación y desarrollo profesional para asegurarte de que tu equipo tenga habilidades y capacidad de adaptación en un entorno en constante cambio.

Al monitorear, probar y optimizar tus estrategias de marketing digital, puedes identificar áreas de mejora, mejorar las experiencias de los clientes y obtener mejores resultados. El proceso iterativo de prueba y optimización te permite refinar tus enfoques, descubrir nuevas oportunidades y mantenerse a la vanguardia de la competencia en el dinámico panorama del marketing digital.

En Conclusión

- Hemos profundizado en la importancia de la optimización del sitio web, la experiencia del usuario, el marketing de contenidos, el marketing en redes sociales, el marketing en motores de búsqueda, el marketing por correo electrónico, las asociaciones con influencers, el análisis y las tendencias emergentes que moldean el futuro del marketing digital. Cada capítulo proporcionó ideas valiosas, consejos prácticos y estrategias accionables para ayudar a las empresas a navegar por el panorama digital y impulsar el crecimiento.

- Hemos enfatizado la importancia de mantenerse informado sobre las tendencias de la industria, aprovechar el poder de la inteligencia artificial y la automatización, y monitorear, probar y optimizar continuamente las estrategias de marketing digital. Al alinear estos elementos en un plan de marketing digital coherente, las empresas pueden asignar recursos de manera efectiva, rastrear el rendimiento, adaptarse a los cambios y lograr los resultados deseados.

- El panorama del marketing digital está en constante evolución, lo que presenta tanto oportunidades como desafíos. Requiere que las empresas sean ágiles, adopten la innovación y adopten un enfoque centrado en el cliente. Al analizar constantemente los datos, monitorear el comportamiento del consumidor y aprovechar las tecnologías emergentes, las empresas pueden estar a la vanguardia y brindar experiencias excepcionales a su público objetivo.

- En última instancia, el éxito en el marketing digital radica en una combinación de creatividad, pensamiento estratégico, toma de decisiones basada en datos y capacidad de adaptación. Al implementar los principios y estrategias descritos en este libro, las empresas pueden posicionarse para el éxito, conectarse con sus clientes de manera significativa y lograr un crecimiento sostenible en la era digital.
- A medida que el panorama del marketing digital continúa evolucionando, es crucial que las empresas se mantengan informadas, se adapten a los cambios y adopten tecnologías y tendencias emergentes. Al hacerlo, las empresas pueden posicionarse para el éxito y lograr resultados impactantes en el cambiante panorama digital.

www.ingramcontent.com/pod-product-compliance
Lightning Source LLC
LaVergne TN
LVHW061547070526
838199LV00077B/6934